Leben in Venedig

Das Buch

Venedig ist für die meisten das Sinnbild morbider Schönheit – wenn man mal von der Taubenplage auf dem Markusplatz absieht. Der Autor entwirft in diesem Buch anhand vieler kleiner Skizzen ein ganz anderes Bild von der nebelverhangenen Lagunenstadt. Auf diese Weise erfahren wir vom Wirt Lucio, der so gerne Schlagersänger geworden wäre, von Asìa, dem altersweisen Gemüseträger auf dem Rialtomarkt oder dem Gondoliere Mariano, der in seiner Freizeit Yoga praktiziert.
Eine Fundgrube für jeden Venedig-Reisenden, der hinter die Kulissen des norditalienischen Freiluftmuseums blicken will.

Der Autor

Dirk Schümer, geboren 1962 in Soest, ist seit 1991 Redakteur im Feuilleton der *Frankfurter Allgemeinen Zeitung* und seit 1999 Europa-Korrespondent mit Wohnsitz in Venedig. Dort findet er neben seiner Arbeit auch noch Zeit zum Flanieren und Gondelrudern. Seit 2002 ist er Ko-Moderator einer Büchersendung im SWR.

Dirk Schümer

Leben in Venedig

Mit Illustrationen von
Oliver Sebel

List Taschenbuch

Besuchen Sie uns im Internet:
www.list-taschenbuch.de

Umwelthinweis:
Dieses Buch wurde auf chlor- und säurefreiem Papier gedruckt.

Ullstein Verlag
Ullstein ist ein Verlag der Ullstein Buchverlage GmbH, Berlin.
1. Auflage Juni 2004
2. Auflage 2004
© 2004 by Ullstein Buchverlage GmbH, Berlin
© 2003 by Ullstein Heyne List GmbH & Co. KG / Ullstein Verlag
Die hier abgedruckten Texte sind in einer ersten Fassung in der
Frankfurter Allgemeinen Zeitung erschienen.
Umschlagkonzept: Hilden Design, München – Stefan Hilden
Umschlaggestaltung: Hauptmann und Kampa Werbeagentur,
München – Zürich
Titelabbildung: © Rainer Martini / Look
Illustrationen: Oliver Sebel
Druck und Bindearbeiten: Clausen & Bosse, Leck
Printed in Germany
ISBN 3-548-60435-8

INHALT

1 Ein Umzug ins Ungewisse *9*

2 Was man von Goethe lernen kann *13*

3 Der Mann mit der Gitarre *18*

4 Figaro, Figaro *22*

5 Die Gestrandeten *27*

6 Links vor rechts *31*

7 Die Blutsauger *36*

8 Ein spektakulärer Fund *40*

9 Der Traum des Admirals *45*

10 Kurtaxe *48*

11 Der Magier *52*

12 Die Biennale *56*

13 Bonaparte *60*

14 Das Gelöbnis *64*

15 Tod des Dichters *68*

16 Der Aufstieg *72*

17 Ein Regentag *76*

18 Die Gondolieri *80*

19 Zu Tisch *84*

20 Afa *89*

21 Das Redentore-Fest *93*

22 Die grüne Oase *98*

23 Die Tücken des Bootsverkehrs *103*

24 Einfach tierisch *107*

25 Die Bombe *111*

26 Lido-Impressionen *115*

27 Studium am Canale *120*

28 Asìa *123*

29 Der Muschelkrieg *127*

30 Die Filmfestspiele *131*

31 Schwarzhandel *136*

32 Schöner wohnen *140*

33 Das freche Federvieh *145*

34 Das Gedächtnis der Stadt *149*

35 Napoleone Jesurum *153*

36 Im Reich der Bilder *157*

37 Gutenbergs Erbe *162*

38 Hoher Besuch *166*

39 Der Bettelmönch *170*

40 Pronto, spazzino! *175*

41 Wie aus Tausendundeiner Nacht *179*

42 Hinter den Rolläden *183*

43 Moto ondoso *187*

44 Der Rabbiner *192*

45 Wenn die Gondeln Trauer tragen *196*

46 McVivaldis Jahreszeiten *200*

47 Der Professor *204*

48 Ein feste Burg *208*

49 Die gläserne Insel *213*

50 Die stolzen Gondelbauer *218*

51 Auf Wagners Spuren *222*

52 Weißer Zauber *226*

53 Karneval *231*

54 Zwei Mann in einem Boot *235*

I

Ein Umzug ins Ungewisse

Im Morgenlicht kamen sie mit zwei Booten den Kanal heraufgefahren – ein erhabenes Bild: das spiegelblanke, schwarze Wasser des Rio dei Greci und dann im Gegenlicht der klaren Wintersonne die Kähne, vollbepackt mit unseren Möbeln und Kisten. Bereits in der Nacht hatten die venezianischen Spediteure auf der Parkplatzinsel unsere Habe vom Lastwagen auf die Boote gehievt. Anschließend hatten sie unsere vertrauten sächsischen Möbelpacker wie eine beliebige Ladung oben auf die Kartons gesetzt und wegen der eisigen Morgenluft in Pferdedecken gewickelt. Danach waren alle langsam durch den Canal Grande getuckert. Es muß eine herrliche Transportfahrt gewesen sein, während wir nervös in der leeren Wohnung auf und ab gingen.

So blickten die deutschen Transporteure, die nie zuvor in Venedig gewesen waren und sich auch nichts darunter vorstellen konnten, aus ihren Decken: übernächtigt, verwundert und vollkommen verstört. Wo waren sie hingeraten? Auf dem ersten Kahn standen unsere zwei Buchsbäume neben meinem Ergometer – ein surrealer Anblick. Und ich dachte plötzlich dasselbe: Wo sind wir hingeraten?

Die venezianischen Fuhrleute, die so eine Arbeit jeden Tag machen, bugsierten die Boote routiniert in den schmalen Rio del Osmarin direkt vor unserer Eingangstür und machten die Leinen fest. Nun konnte ausgeladen werden, zunächst über die Brüstung des Kanals hinweg, dann durch den Eingang über den Hof hinauf in den zweiten Stock. Wir hatten Glück. Am Himmel zeigte sich keine Wolke, null Grad. Das kann im Winter von Venedig auch ganz anders kommen. Es kann fürchterlich schütten und sogar Hochwasser geben, was vor allem für beladene Kähne ein Problem darstellt, weil sie dann nicht mehr unter den Brücken durchkommen.

Die Spedition hatte unseren Möbelpackern für alle Fälle sogar Gummistiefel besorgt, und unsere Möbel waren wasserdicht in Pappe und Folie gewickelt worden. Während der Berg aus Verpackungsmüll im Innenhof immer höher wuchs, dauerte es gar nicht lange, und unsere Schränke, Regale und Stühle standen am vorbestimmten Ort. Am Nachmittag konnten wir auf Bücherkisten den ersten Tee kochen und Butterbrote schmieren, die leere Wohnung verwandelte sich langsam in ein Heim. Dies ist immer wieder eine Erfahrung, die Venedig seinen Ankömmlingen bereitet: Der Abgrund zwischen der Normalität auf dem Festland und der Normalität in der Lagune will erstmal überbrückt werden. Daß die eigene Wohnung nicht am, sondern im Wasser steht, daß es keine Autos gibt und daß man plötzlich mit Ebbe und Flut rechnen muß, daß man sich – allen technischen Errungenschaften zum Trotz – ein klein wenig in eine Amphibie verwandelt, all das hatte man ja angst- und lustvoll zugleich erwartet. Doch das wirkliche Staunen setzte bei uns ein, als wir bemerkten, wie reibungslos diese Überfahrt unserer bürgerlichen Existenz nach Venedig funktionierte, wie alltäglich hier gerade das war, was von draußen so exotisch und sonderbar wirkte.

In Thomas Manns »Tod in Venedig« – vor allem in Viscontis Verfilmung, bei der Mahlers sehrendes Adagietto aus der Fünften Symphonie erklingt – ist die Überfahrt der melancholische Abschied von der Welt, ist der Gondoliere der Fährmann ins Totenreich, das bevölkert wird von den geschminkten Lemuren und Gauklern, die in der morbiden Stadt auf ihre Opfer warten.

Für uns wirkte Luigi ganz und gar nicht wie ein Charon. Der massige, gemütliche Mann, der die Möbelpacker umsichtig dirigierte und die sperrige Eingangstür kurzerhand ausbaute, damit die Schränke durchpaßten, sprach fließend Deutsch mit bayrischem Akzent. Er hatte zwanzig Jahre in München als Fliesenleger gearbeitet und erzählte uns stolz, daß er bei Franz-Josef Strauß das Badezimmer gekachelt habe, nun mit dem Ersparten in seine Vaterstadt zurückgekehrt sei und sich nur noch ab und zu bei Umzügen und Transporten wie diesem nützlich mache. Luigi wußte, wo wir im Viertel Schrauben und Dübel bekamen, wann ein Boot die Kartonage abholen würde und wieviel Trinkgeld wir den Müllmännern geben mußten. Als Luigi sich am Mittag mit seinen Leuten verabschiedete und wieder den Rio dei Greci hinabfuhr, fühlten wir uns ein wenig verloren.

Die Abgeklärtheit der Venezianer übertrug sich aber langsam auch auf die aufgeregten, euphorisierten Sachsen, die in Deutschland unsere Habe verpackt hatten. Wir hatten ihnen dabei geschildert, daß Venedig im Wasser liege und daß die Kartons aufs Boot umgeladen werden müßten. Aber was die Oberlausitzer dann sahen, hatten sie sich nicht vorstellen können – ein Höhepunkt im Berufsleben, eine knifflige Tour, von der sie noch lange erzählen konnten. Mittags gingen wir in die Osteria »Da Remigio« gleich um die Ecke, aber die traditionelle Pasta mit Meeresheuschrecken und Tintenfischen wollte unseren Sachsen nicht gefallen. Sie hätten lieber eine Pizza gegessen, aber Gott sei Dank gab es auch »Spaghetti alla bolognese« und hinterher einen guten Kaffee.

Es war längst dunkel, als wir die vorläufig letzten Dübel in der Wand versenkt und das meiste Geschirr ausgepackt hatten. Dann machten wir noch einen Spaziergang mit den müden Männern zum Markusplatz. Hier war auffallend wenig los, doch San Marcos Kuppeln leuchteten wunderschön durch den heraufziehenden Winternebel. Die Möbelpacker bestaunten einen riesigen Muranoleuchter in einem Schaufenster und fragten sich, wie man den wohl auseinanderbauen und verpacken könne. An der Rialtobrücke brachten wir unsere Helfer zum Boot. Sie stiegen aufs Vaporetto, winkten fröhlich und fuhren durch den Canal Grande wieder davon, über den sie im ersten Morgenlicht mit unseren Möbeln gekommen waren. Wir blieben da.

WAS MAN VON GOETHE LERNEN KANN

»Sie kommen aus Venedig? Ja, kann man denn da überhaupt leben?« Das ist die Standardfrage, welche sich die Venezianer in aller Welt gefallen lassen müssen. Offenbar kann sich kaum jemand vorstellen, daß in diesem historischen Vergnügungspark normale Menschen ihrem Alltag nachgehen. Venedig – das ist etwas für Märchen, für Filme, in denen merkwürdige Existenzen jene Grenze zum Irrealen überschreiten, die zwischen Gondeln und Palästen ganz besonders durchlässig zu sein scheint. In Venedig darf man sich verlieben, darf den Rest der Welt vergessen, darf – wenigstens in Gedanken – andere den Thomas Mannschen Dekadenztod sterben lassen. Aber arbeiten und einkaufen, zum Zahnarzt gehen und Tischtennis spielen? Ja, geht denn das überhaupt?

Ich habe seit unserem Umzug die Einwände, die – von außen betrachtet – die Existenz in dieser Stadt erschweren oder gar unmöglich machen, nach der Häufigkeit ihres Vorkommens sortiert. Die Liste wird immer länger. Demnach gibt es fünfzehn Hauptgründe für die Unbewohnbarkeit von Venedig:

a) Touristen
b) Hochwasser
c) feuchte Wände
d) Nebel
e) das Versinken der Stadt
f) Gestank
g) Müll
h) Hundedreck
i) lästige Treppenstufen
j) verdorbenen Fisch
k) Sommerschwüle
l) Winterkälte
m) Mangel an Parkplätzen
n) Isolation mitten im Wasser
o) kulturelle Provinzialität

Jeder dieser Einwände läßt sich jedoch leicht entkräften. Die vielen Touristen ballen sich an wenigen Plätzen. Das Hochwasser ist selten, ungefährlich, läuft nach wenigen Stunden wieder ab und betrifft nur Läden im Erdgeschoß. Mit einer guten Heizung sind die Wände nicht feucht. Nebel ist wunderschön und harmlos. Ob Venedig tatsächlich versinkt, ist strittig und selbst beim Ansteigen des Meeresspiegels von anderthalb Millimetern pro Jahr kein wirkliches Problem für heute Lebende. Es stinkt so gut wie nie, jedenfalls sehr viel seltener als in Berlin oder Paris. Der Müll wird sechsmal die Woche abgeholt, der Hundedreck täglich gekehrt. Die Treppenstufen halten jung und sind nur mit Kinderwagen etwas lästig. Der Fisch ist frisch. Gegen die wirklich unerträgliche Schwüle helfen Klimaanlagen und die Sommerfrische am Meer einigermaßen, während der Winter meist sonnig und überhaupt die schönste Jahreszeit ist. Parkplätze gibt es vor der Stadt genug und drinnen bereiten sie – anders als überall sonst – kein Problem. Die Stadt bietet pünktlichen Nahverkehr rund um die Uhr und ein Kulturprogramm, das locker mit jeder Metropole mithalten kann.

So wenig stichhaltig also jedes einzelne Argument ist, so interessant bleibt die Frage, warum quasi jeder Mensch, mit Venezianern konfrontiert, nach solchen Einwänden sucht. Niemand käme auf die Idee, sich bei Einwohnern aus Gießen oder Magdeburg, Nantes oder Brescia zu erkundigen: Ja, kann man denn da überhaupt leben? Obwohl vielleicht gerade in solchen Städten die Frage gar nicht mal so unangebracht wäre… Venedig hingegen wird keine Normalität zugestanden, Venedig ist anders, unalltäglich und vielleicht gerade darum per allgemeinen Ratschluß exterritorial. Immer wieder kommt mir eine Familie in bunten Trainingsanzügen in den Sinn, die sich mühsam über eine Brücke schleppte, bis der Vater in breitem Sächsisch und voller Dankbarkeit für seine Herkunft ausrief: »Also, leben möchte ich hier nicht!« Aber hatte das irgendjemand von ihm verlangt? Würde es sich womöglich jemand wünschen?

Zu Venedig – das ist eine der vielen Besonderheiten der Stadt – muß man eine dezidierte Meinung haben, die meist die touristische Bewunderung mit der lebenspraktischen Ablehnung unter einen Hut bringt – so paradox diese Haltung, genau betrachtet, auch ist. Das war schon immer so. Neben hingerissenen Elogen von Reisenden, die einen Venedigbesuch als Lebenshöhepunkt und die Stadt als irdisches Paradies stilisierten, findet sich in der Literatur auch manche Mäkelei: Venedig sei stark überschätzt, heruntergekommen und überhaupt nicht für Menschen gebaut, lautet dann der Tenor. Meine beiden Favoriten an den Polen dieses Antagonismus heißen Johann Wolfgang Goethe und Ernst Moritz Arndt. Goethes Briefe von seiner ersten italienischen Reise im Oktober 1786 gehören immer noch zum Erhellendsten und Wundervollsten, was über die vielbeschriebene Stadt je gesagt worden ist.

Goethe bewundert Venedig keineswegs blind, er amüsiert sich über den Touristennepp, er ekelt sich vorm Straßenkot und entwirft schon am ersten Tag einen Plan für die Müllabfuhr. Und doch gibt er sich gänzlich dem Schauspiel dieser »Biberrepublik« hin: »Ich sage nur, wie es mir entgegenkommt.« Mit dieser Offenheit lauscht Goethe dem Gesang der Gondolieri, steigt auf den Markusturm, sammelt Muscheln, bestaunt die Malerei Tizians und Veroneses, trocknet Tintenfischtinte und beobachtet am Lido stundenlang das Treiben der Krebse bei Ebbe. Anstatt sich dem damals schon modischen und auch damals schon verkehrten Raunen vom Nieder- und Untergang anzuschließen, nimmt Goethe die bunte Lebenswirklichkeit der Stadt wahr. »Übrigens«, schreibt er, sich auf die Gefahr der Verlandung beziehend, »hat Venedig nichts zu besorgen; die Langsamkeit, mit der das Meer abnimmt, gibt ihr Jahrtausende Zeit, und sie werden schon, den Kanälen klug nachhelfend, sich im Besitz zu erhalten suchen.« Wie wahr.

Ernst Moritz Arndt, der 1798 in der Lagune eintrifft, salbadert zunächst ausgiebig von entarteten Geschlechtern, welche Ruhm und Macht der Vorfahren verspielten, um dann unvermittelt loszulegen: »Aber auch in seinen besten und schönsten Zeiten, in der Blüte seiner Taten und seiner Macht hat dies Volk nie eine schöne Stadt bewohnt.« Dem überforderten Arndt paßt in diesem »Klumpen Antiquitäten« die ganze Enge und Wuseligkeit nicht; er stellt dem Gewimmel die saubere Schlichtheit einer deutschen Kleinstadt gegenüber. Und überhaupt: »Nirgends kann man empor und um sich sehen, um durch einen Turm oder desgleichen seine Richtung zu bestimmen.«

So mosert sich Arndt durch das »Chaos«, er sieht nur die »häßlichen Geschäfte«, »alte Kleider und Lumpen«, »schmutzige und zerrissene Wäsche«, »Lahme und Krüppel«, »ferner die Kloake und Kommoditäten, und wie die Dreckschlünde alle heißen mögen«. Alles ist »mit Unrat recht italienisch besudelt«. Die Rialtobrücke »erregt kein Gefühl der Erhabenheit«, und auf dem Markusplatz stößt er sich am Campanile: »Hier taugt er nicht, weil er die Aussicht und die Symmetrie des Platzes stört.« Es findet sich die ganze Palette von Abneigung, die gewöhnlich im Neid auf das Außergewöhnliche fußt. Arndt, der sich mit solchen Tiraden als der chauvinistische deutsche Professor entlarvt, der dann zwangsläufig aus ihm wurde, benennt ansonsten nur zwei touristische Denkmäler: den »Broglio« (in Wahrheit die Piazzetta) und den »Schutzheiligen der Stadt« auf einer Säule (in Wahrheit die Statue des Hl. Theodor). Arndt war wohl der Sprache nicht kundig und zu stolz, um zu fragen, und zu faul, um sich zu informieren.

Hören wir noch einmal Goethe in Venedig: »Alles, was mich umgibt, ist würdig, ein großes, respektables Werk versammelter Menschenkraft, ein herrliches Monument, nicht eines Gebieters, sondern eines Volkes. Und wenn auch ihre Lagunen sich nach und nach ausfüllen, böse Dünste über dem Sumpfe schweben, ihr Handel geschwächt, ihre Macht gesunken ist, so wird die ganze Anlage der Republik und ihr Wesen nicht einen Augenblick weniger ehrwürdig sein.« Niemals fragte sich Goethe, ob man es in solch einer Stadt überhaupt aushalten könne.

Der Mann mit der Gitarre

Wer in Venedig den Typus des dunklen, kontaktfreudigen Italieners sucht, der mit strahlendem Lächeln und einer gelinden Aufdringlichkeit, ein Liedchen auf den Lippen, dem Fremden die Schönheiten seiner Heimatstadt nahebringt, der hat sich in der Adresse vertan und sollte sich weiter südlich, nach Neapel zum Beispiel, orientieren. Venezianer stammen nicht wie andere Italiener von Römern und Griechen ab, ihre Vorfahren kommen dorther, wo die Republik Venedig einst ihre Territorien hatte: aus Istrien, Slowenien, den Dolomiten und dem halbösterreichischen Friaul. Darum sind ihnen, die auffallend oft semmelblond und schlaksig sind, südlicher Überschwang und Exaltiertheiten in der Regel fremd. Diese fast schon nordische Mentalität paßt durchaus zum gar nicht so heimeligen Charakter ihrer Stadt, die vor allem im nebligen Winter mehr einem unzugänglichen Märchenschloß als einer südlich fidelen Sonnenterrasse gleicht. Venedig ist eine kühle Schönheit.

Wer Venezianer erleben will, die ganz gegen ihre Natur aus sich herausgehen, muß zu Lucio Bisutto gehen. In seiner Trattoria »Giorgione« auf der vom Touristenrummel noch einigermaßen isolierten Via Garibaldi veranstaltet Lucio am Wochenende seine beliebten Sangesabende. Lucio ist nicht nur Wirt, sondern verfügt über einen respektablen sanften Bariton und begleitet sich selbst dabei auf der Gitarre, die allzeit in einer Ecke des Lokals bereitliegt. »Cantautore«, Liedermacher, nennt ihn die Lokalzeitung, wenn sie seine Auftritte ankündigt, und bezieht sich dabei auf Schlager wie das pathetische »Sfogi e patarace«, das Lucio selbst geschrieben hat. Wer weiß, vielleicht hätte er mit etwas Glück gar eine Karriere machen können wie Adriano Celentano, mit dem er die gedrungene Statur, den Dickschädel und die Frisur gemeinsam hat. Aber auch am Pizzaofen und beim Auftragen von frischem Grillfisch macht Lucio immer einen zufriedenen Eindruck. Und erst recht, wenn er für seine Gäste singt.

Das Liedgut von Venedig kann sich, auch das eine Frage der Mentalität, nicht mit den überschäumenden Canzonetten von Neapel messen. Globale Hits wie »Funiculì, funicolà« oder »O sole mio« hat die Lagune nicht hervorgebracht. Immerhin gibt es ein paar Ohrwürmer zum Mitsingen wie »Voga e va«, ein im Dialekt vorgetragenes Lied, das vom nächtlich funkelnden Sternenhimmel im Spiegellicht der Lagune, vom alten Gondoliere und vom schönsten aller Sterne, der natürlich Venezia heißt, handelt. Lucios famosester Schlager ist das Lied von der »Cancara«, der störrischen und unnahbaren Frau, an die der Sänger sein Herz verloren hat und die ihn langsam aber sicher ruiniert. Lucios eigene Frau, die allzeit freundlich und unermüdlich im »Giorgione« am Herd steht, kann er damit natürlich nicht meinen.

Lucio kommt von der Insel Pellestrina, die noch hinter

dem Lido die Lagune gegen die Adria abgrenzt und wo fast nur Fischer wohnen; Dutzende schwerer Kutter ankern hier direkt vor den Häusern. Es ist ein verschlossener, wenig wohlhabender Kosmos. Wer nicht zur See fuhr, mußte früher emigrieren. Das war das Schicksal von Lucios Vater, der jahrelang die Familie als Gastarbeiter in Deutschland ernährte. Auch Lucio mußte früh mit anpacken, was man seinen riesigen Händen und muskulösen Armen nur dann nicht anmerkt, wenn er mit überraschender Zärtlichkeit seine Gitarre spielt. Für deutsche Gäste gibt es an seltenen Abenden sogar eine Reminiszenz an die Besuche beim Vater in einer Stadt irgendwo in Deutschland – einer Stadt, deren Namen Lucio längst vergessen hat. Nicht vergessen hat er jedoch den Schlager jener Jahre, der »Junge, komm bald wieder« heißt und den Lucio sogar im Text staunenswert imitiert, obwohl er kein Wort Deutsch spricht.

Doch spielt und singt er keineswegs nur für Touristen. An Wochenenden finden sich immer wieder dieselben Stammgäste ein und werden vom Chef mit sanfter Hand in das Programm einbezogen. Zwischen Pasta und Fisch kommen dann Könner wie Stefano und seine Freundin nach vorne ans Mikrofon und singen ihre Lieblingslieder, etwa den alten Schlager von den »Occhi verdi dell'amore«, den grünen Augen der Liebe, oder von der selbständigen Frau, die der Machogemahl bis heute nicht ernst nimmt. Und immer ist bei solchen Darbietungen, die Lucio einfühlsam auf der Gitarre begleitet, etwas persönliche Psychologie mit im Spiel.

Nur wenn er vom Publikum nachhaltig gedrängt wird, greift auch Gianni, der alte Kellner mit der Hornbrille, ins Geschehen ein. Dann gibt er den einen oder anderen amerikanischen Song der sechziger Jahre zum besten und wirkt im weißen Kellnerjackett mit dem Mikrofon tatsächlich ein wenig wie ein etwas lendenlahmer Dean Martin. Seine Kunden umjubeln ihn dafür. Spätestens zum Dessert sind dann alle in Sangeslaune und fallen bei Lucios Klassikern wie »Venezia, città dell'amore« lautstark in den Refrain mit ein. Venedig als »Stadt der Liebe« – das ist eine Illusion, der man sich am Wochenende nach der Arbeit und im Kreis guter Freunde immer wieder gerne hingibt. Was wäre Italien, was wäre das Leben ohne solche Lieder?

Lucio merkt man manchmal an, daß er sich mit der aufreibenden Arbeit in seiner Osteria und mit seinem nächtlichen Hin und Her nach Pellestrina via Fähre und Bus eigentlich zuviel zumutet. Manchmal wirkt er müde oder ist heiser, aber es muß schon ganz schlimm kommen, daß er nicht zur Gitarre greift und das Kabel in den Verstärker steckt. Sein Singen gehört für ihn zum Beruf, und er ist stolz darauf, daß er jüngst seine eigene CD aufgenommen hat. Wenn dann das ganze Lokal mitsingt, wenn seine Frau im Arbeitskittel aus der Küche nach vorne kommt und sich über die gute Stimmung freut, dann wirkt auch Lucio mit seinen melancholischen Augen so richtig glücklich.

Es sind Leute wie er, die die Stadt lebendig halten und jenseits der touristischen Routine für die zurückgezogenen Venezianer Wärme und Zusammengehörigkeit spenden. An solchen schönen Abenden gibt Lucio nach anderthalb Stunden Gesang noch eine Zugabe, obwohl es schon spät ist, und beendet sein Programm wie immer mit dem überzeugten, bei ihm fast schon trotzig klingenden Ruf: »Viva Venezia!« Bei ihm kommt das von ganzem Herzen.

FIGARO, FIGARO

War der Barbier von Sevilla ein Venezianer? Bei dem Namen wohl kaum. Beaumarchais, der Autor der berühmten Komödie, war Franzose, und der Held, der kammerdienende Friseur, ein Andalusier. Selbst in Rossinis berühmter Opernversion wirkt der überschäumende Figaro eher wie ein plappernder Neapolitaner. Und doch ist mit Lorenzo Da Ponte, der Mozart den Komödienstoff für »Figaros Hochzeit« anverwandelte, der Archetyp des quecksilbrigen Haarschneiders in Venedig angekommen. Da Ponte, ein aus Armut zum Christentum übergetretener Jude aus dem gebirgigen Landstädtchen Ceneda (heute Vittorio Veneto), ist in Venedig, wo er sich zum Priester ausbilden ließ, aber dann wegen einer Frauengeschichte Richtung Wien ausbüchste, merkwürdigerweise fast vergessen. Und doch hat der geniale Librettist sein illusionsloses Menschenbild, seinen zynischen Witz und seine Schlagfertigkeit vor über zweihundert Jahren zwischen Kanälen und Campanili geschärft. Zu welchem Friseur er gegangen ist, um sich die Perücke pudern und sich für seinen listigen Figaro inspirieren zu lassen, wissen wir leider nicht.

Ich jedenfalls habe den Fehler gemacht, zu Umberto zu gehen. Der winzige Friseursalon mit den uralten Ledersitzen, den ärmlichen Waschbecken und vor allem dem raumfüllenden Plastikvorhang mit einschüchterndem Rosenmuster schien mir alles zu haben, was einen italienischen Barbier auszeichnen muß. Hier – ich genoß den Anblick im Vorbeigehen – saßen vormittags die gelangweilten Greise, um sich die drei verbliebenen Haare auf der Glatze stutzen zu lassen, lasen Zeitung und diskutierten schon einmal lauthals irgendeine Belanglosigkeit. Umberto, ein flinker Winzling im weißen Kittel, flitzte elegant zwischen den Stühlen umher, schäumte Seife, schabte das Messer am Lederband, rasierte manchem Kunden den Bart und äugte durch seine Brille umtriebig auf die Gasse.

Als ich mich auf seinem Sessel niederließ, mußte der Figaro den Sitz nicht hochstellen; er war auch so klein genug, sich nicht zu mir bücken zu müssen. Meine Erläuterungen, wie ich mir die Frisur vorstellte, die mir irgendwie ein Flair von moderner Klassizität und zeitloser, aber doch peppiger Würde verleihen sollte, verhallten. Auch bei meinen Ausführungen über die komplizierten Wirbel im Nacken und die Geheimratsecken hörte Umberto, den Künstlerblick in die Leere gerichtet, nicht mehr hin. »Ich habe alles verstanden«, unterbrach er mich irgendwann. Und dann legte er los.

Als er ein paar Minuten nach mehrfachem Einsatz eines elektrischen Schurmessers fertig war, standen mir die Haare zu Berge. Mit etwas Gel und leichtem Strubbeln hatte auch ich die rattenhafte Frisur der halbwüchsigen Italiener im Viertel bekommen, denen ich eigentlich lieber aus dem Wege gehe: sportlich, schnittig, militärisch und sehr, sehr kurz. Ich wußte zu dem Zeitpunkt nicht, daß dies die einzige Frisur ist, die Umberto beherrscht, und daß er einer venezianischen Freundin vor einigen Jahren ohne zu fragen gleichfalls einen Igelschnitt verpaßt hat. Dafür erfuhr ich, wie gut sich Umberto mit einer Gruppe Touristen aus Osterholz-Scharmbeck verstanden hat, die er einst bei einem Gewitterschauer in seinem Geschäft beherbergte (er zeigte mir stolz den Dankesbrief), daß er als Jugendlicher ein göttlicher Linksaußen war (er zeigte mir die vergilbten Fotos von Fallrückziehern), welcher seiner Kunden ihm den Steuerbescheid erledigt (er wies auf den nach mir wartenden Herrn) und daß er als Kind im Viertel mit den deutschen Wehrmachtssoldaten gespielt hat (da merkte ich, welcher Moderichtung er anhing). Zur Belohnung, nachdem ich einen lächerlichen Betrag für meinen Frettchenschnitt entrichtet hatte, zeigte Umberto mir noch, was er hinter seinem geblümten Vorhang verbarg: Fußbälle, Dutzende von Fußbällen aller Farben und Größen. Ich ging nie mehr hin.

Die Zeit danach, während der mein Haar nicht so schnell und nicht so dicht wachsen wollte, wie ich es in Erinnerung hatte, probierte ich den einen oder anderen Damenfriseur aus, weil ich mir hier mehr Sensibilität für meine Sorgen erhoffte. Aber ein Parucchiere, ein italienischer Damenspezialist, ist kein Ort für einen Mann. Hier nämlich stehen am Samstagmorgen zahlreiche Damen vor dem Rollo, um sich für das italienische Familienwochenende routiniert gegenseitig wegzudrängeln, sobald die Pforte einen Spalt breit geöffnet wird. Drinnen gehören zur immensen Geräuschkulisse: der Fön, die Trockenhaube, das Gekicher der Belegschaft, das Geraschel der Klatschpresse und das Gezeter der mäkeligen alten Damen, denen die Locken nie lockig, die Blondierung nie blond und die Preise nie preiswert genug sein können.

Trotz meiner Terminabsprache kam ich zweimal überhaupt nicht dran und wurde von jeder ankommenden Dame mit Hinweis auf Stammkundschaft, das Alter oder plötzliche Krampfaderbeschwerden resolut verdrängt. Nicht einmal bei einem der renommierten Hotelfriseure hielt ich es lange aus, weil ich mich zwischen handsignierten Fotos von Audrey Hepburn und Maria Callas, zwischen Pudeln, Parfümflaschen und fegenden Lehrmädchen immer wie in einem Film der sechziger Jahre wähnte und hinterher auch so aussah. So blieb meine kümmerlich vor sich hin wachsende Frisur in Venedig lange ohne Fasson und Schick.

Dann gab mir unsere Freundin July, die als amerikanische Eingeheiratete sündteure Handtaschengeschäfte führt, die Karte von Thierry de Montigny. Wie so viele Geheimtips in der Stadt befindet sich sein Geschäft mitten im dicksten Getümmel an San Marco, aber im ersten Stock, und ist daher unmöglich zufällig zu finden. Oben angelangt, tut sich die Welt der schicken Venezianer auf, der bleichhäutigen Sprößlinge später Dogenfamilien, der Contesse und Marchesi, der reichen Amerikanerinnen undefinierbaren Alters, die alle paar Tage eine neue Kurpackung oder etwas Zwischenfönen nötig haben. Thierry, der Patron, der den Laden mit seiner Frau betreibt, ist ein waschechter Pariser, führt nur feine Modejournale auf dem Wartesofa aus Nappaleder und läßt für sein Publikum, vor allem aber für sich selbst, am liebsten harte Rockmusik laufen, die er gerne auch einmal auf Diskothekenpegel hochdreht. Thierry de Montigny ist kein Coiffeur, er ist ein Künstler.

Früher – so besagt ein resigniertes Bonmot der mitteleuropäischen Aristokratie – rühmten sich die Friseure ihrer Kunden; heute ist es umgekehrt. Und so will ich es auch halten. Bei Thierry, der selbst mit kunstvoll zerzaustem Kopf und abstehenden Wirbeln einem ergrauten Leitwolf gleicht, bekamen meine Haare den nachlässig edlen Zuschnitt, der nach jeder Kopfwäsche wie von allein in seine naturwüchsige Strähnigkeit zurückfällt. Beim Haareschneiden wird nicht geplappert wie bei einem italienischen Figaro, dafür stehen mindestens zwei Domestiken ehrfürchtig daneben und schauen dem Meister zu, dessen allergrößte Kunst im Verteilen diverser Haarwässerchen, Öle und dem abschließenden Zurechtfönen besteht. Es ist die pure Wonne.

Thierry, der als echter Pariser nicht ohne Auto leben mag und von seiner Wohnung auf dem Festland die Modemetropolen Mailand und Bologna fest im Blick behält, hat mir mit der Zeit einen absichtsvoll zerstreuten Schnitt irgendwo zwischen Serge Gainsbourgs Gezausel und dem strengen Schopf eines Pierre Brice verpaßt – freilich mit meinem angeborenen Gesicht dazu. Beim letzten Mal schwärmte er melancholisch von Berlin. Das – und nicht das provinzielle Venedig – sei eine echte Metropole. Ich bin aber froh, daß Thierry de Montigny einstweilen weiter an der Ponte dei Bareteri praktiziert. Denn ich wollte immer schon einen französischen Figaro haben. Daß das in Venedig geht, ist schon fast des Glücks zuviel.

Die Gestrandeten

Das erste, was Touristen von Venedig sehen, ist ein verrottetes Schiff. Direkt gegenüber vom Bootsterminal der Parkplatzinsel Tronchetto liegt die »Aiud«, ein zehn Jahre alter Transporter der rumänischen Handelsmarine, der aber aussieht, als wäre er schon im Zweiten Weltkrieg eingesetzt worden: abgeblätterte Farbe, Müllhaufen auf dem Deck und überall Rost, der teilweise in breiten Fladen über dem Wasser hängt. Die rumänische Flagge baumelt halb zerfetzt vom Mast herab. Kaum jemand ahnt, daß auf diesem Seelenverkäufer Menschen wohnen. Und doch sind elf Mann der zweiundzwanzigköpfigen Besatzung geblieben, seit das Boot zum Verkauf steht, weil der rumänische Staat es aufgegeben hat und sich seit dem Jahr 1998 kein neuer Eigner fand.

Ohne Lohn, ohne Strom, ohne Brennstoff ist die Mannschaft über die ersten beiden Winter gekommen, mit Eis an den Kajütenscheiben, dicken Wolldecken und sieben Pullovern übereinander. Erst danach stellte die Stadt den verzweifelten Rumänen Strom und Wasser, weil es nicht mehr mitanzusehen war. Es ist eine Tragödie. Aurel Georgescu verbringt die meiste Zeit des Tages an Bord, er ist Maschinenmeister und geschäftsführender Offizier, seit der Kapitän das Boot verließ. Er ist erst von Rumänien angeheuert worden, als es mal eine Zeitlang so aussah, als ob das Schiff bald einen Käufer fände. Georgescu, der dreiundzwanzig Jahre lang für sein Land zur See gefahren ist, sollte die »Aiud« wieder flottmachen. Er hat sie bis heute noch nie fahren sehen.

Der starke Mann mit dem schwarzen Schnurrbart schaut so traurig, wie jemand sich fühlen muß, der an fremden Gestaden gestrandet ist. Die Hände tief in der Winterjacke vergraben, geht er meist auf dem Deck auf und ab. Was soll er anderes tun? Seine Kollegen, die offiziell keine Arbeit haben und nur provisorisch geduldet werden, arbeiten schwarz auf dem Bau oder schleppen Gemüse auf dem Wochenmarkt an Rialto. In Venedig weiß das jeder, denn von irgendetwas müssen die Männer schließlich leben. »Fast alle sind den ganzen Tag spazieren«, sagt Aurel Georgescu und lächelt bitter.

Wenn die Matrosen das Schiff aufgäben, verlören sie den Anspruch auf ihren ausstehenden Lohn. Also müssen sie warten, bis die »Aiud« versteigert wird. Doch bisher ist der Verkauf immer gescheitert. Offenbar pokern mögliche Interessenten und warten, bis beim nächsten Termin das Schiff noch billiger zu haben ist, möglichst zum Schrottwert. Die Reeder können nur gewinnen, während die Matrosen bei diesem Spiel verlieren: ihr Geld, ihr Leben, ihre Gesundheit. Die gut hundertfünfzigtausend Euro Heuer, die ihnen zustehen, werden vom Verkaufserlös ausbezahlt. Die »Aiud« ist übrigens kein Einzelfall: Fünfzig ehemals rumänische Schiffe lagen nach dem Ende des Kommunismus herrenlos in der ganzen Welt, teilweise unter übelsten Bedingungen draußen auf See, weil sie kein Hafen hereinlassen wollte. In Bangladesh, erzählt Georgescu, haben sich ein paar Kollegen umgebracht.

Zweimal mußte jüngst binnen Wochen der Notarzt am Kai der »Aiud« vorfahren, weil Aurel Georgescu Herzprobleme bekam. »Das ist der Streß«, sagt er. Mit dem ihm zustehenden Lohn würde er am liebsten zu seinem Sohn nach Montreal auswandern. Nach Rumänien will er keinesfalls zurückkehren. Auf Deck liegen seit der letzten Generalreinigung überall Rosthaufen herum, auf denen jetzt üppiges Unkraut wächst. Auch den Plastikmüll können die Matrosen nicht entsorgen und stapeln ihn am Heck. Drinnen lösen sich die billigen Linolscheiben aus der Zeit Ceaucescus bereits vom Boden, und selbst das Nichtraucherschild »Nu fumati« ist von der Wand gefallen. Liefe nicht in irgendeiner Kajüte Musik – die »Aiud« wirkte wie ein Geisterschiff.

Im Prinzip jedoch, erklärt Aurel Georgescu, ist der Kahn seetüchtig. All die Jahre wurde der Motor, so gut es noch ging, geölt. Das Metall unter dem Rost sei in Ordnung. Der finstere Maschinenraum mit seinen vorsintflutlichen Pumpen, geflickten Schläuchen, Ventilatoren, Druckmessern, Batterien und leeren Ölfässern wirkt wie eine bedrohliche Installation von Tinguely, und doch ist dem Maschinenmeister immer noch der Stolz anzumerken, daß er diese Dampfkessel zum Laufen bekäme und hier auch bei 45 Grad auf hoher See jederzeit seinen Mann stünde.

Seine geräumige Kabine hat sich Georgescu mit sieben kleinen Heizöfen bestückt, seit die Stadt den Strom übernimmt. Er möchte nicht noch einmal fast erfrieren wie im ersten Winter. Die Wände hat er mit orthodoxen Heiligenbildchen geschmückt und weist stolz auf ein altes Fernsehgerät, in dem die üblichen Spielshows dudeln: »So habe ich Italienisch gelernt.« Die Männer von der »Aiud« haben nicht nur Zeit, sie sind auch praktisch; sie haben sich vom Sperrmüll eine Waschmaschine und einen Geschirrspüler geholt und beides repariert. Am Fallreep hängt ein Schiffsstrahler und weist auf das trübe Lagunenwasser. Mit dem Netz daneben fangen sich die Matrosen nachts Tintenfische und bessern so den Speiseplan auf, der meist aus altem Obst und Gemüse vom Wochenmarkt besteht.

Aurel Georgescu hat die Hoffnung aufgegeben, bald bei seinem Sohn in Kanada zu sein. Er hält nur weiter durch, weil es keinen anderen Weg mehr gibt. Die Familien mehrerer Kollegen sind bereits kaputtgegangen. Vom Fenster seiner Kajüte sieht man über die Hafenanlagen hinweg die Spitze des Markusturms mit seinem vergoldeten Engel. »Venedig« sagt Georgescu, »ist eine schöne Stadt. Wenn man Geld hat.«

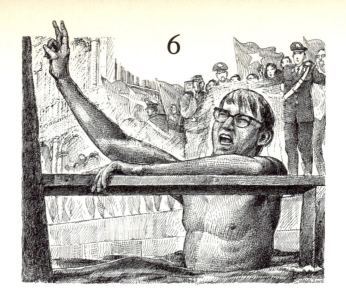

LINKS VOR RECHTS

Ganz Norditalien ist in Händen der Rechtsallianz unter Silvio Berlusconi. Ganz Norditalien? Nein, eine kleine, aber verbissene Minderheit von Linksparteien hat sich in der Lagune von Venedig verschanzt und leistet dem Usurpator heftigen Widerstand. Seit den Kommunalwahlen im Jahr 2000 läßt sich die politische Situation Venedigs mit Anklängen an Asterix beschreiben. Erdrutschartig brach die italienische Linke sogar in ihren Hochburgen ein. Unter den Metropolen des Nordens blieb einzig Venedig, wo die Kommunisten und Sozialisten stets mitregierten und die Universität ein Reservoir fortschrittlicher Kräfte birgt, weiterhin links. Seitdem regiert hier eine Koalition von Grünen, Kommunisten und gemäßigten Linken, während sogar die eigene Provinz, das Veneto, von einer massiven konservativen Mehrheit verwaltet wird.

Daß ausgerechnet die Provinzhauptstadt rot blieb, ist

kein Zufall. Die Hafenarbeiter von Marghera und die Fischer der Inseln wählen traditionell kommunistisch. Aus diesen Kreisen kam nach dem Krieg bereits der legendäre Bürgermeister Giovanni Battista Gianquinto, der die aus der Resistenza zurückgekehrten Proletarier mit der neuen Republik versöhnte und Streiks sowie bewaffnete Aufstände im Hafen zu schlichten wußte. Diese Arbeiterklasse stellt bis heute den Zweiten Bürgermeister der Stadt. Gianfranco Bettin, eine national bekannte Stimme des linken Italiens, gehört formell zu den Grünen und verband seinen politischen Kampf stets mit der Forderung nach einer Entschädigung für Krebs- und Umwelterkrankungen bei den Chemiearbeitern, von denen bislang an die zweihundert durch giftige Chemikalien gestorben sind.

Als im Winter 2001 der spektakuläre Prozeß gegen die ranghöchsten Manager der italienischen Chemieindustrie mit kollektiven Freisprüchen endete, kam es im verbunkerten Gerichtssaal zu Szenen wie aus den sozialkritischen Filmen Francesco Rosis: Mit Geldmünzen wurden die Advokaten der Reichen beworfen, die Polizei mußte weinende Arbeiter von Handgreiflichkeiten abhalten, während sich der Vizebürger von Venedig mit erhobener Faust den Kameras stellte: »Der Kampf geht weiter.« Immerhin sieht es jetzt im Zivilprozeß so aus, als würden den Kranken und den Familien der Toten Entschädigungen zugesprochen.

Mit solcher proletarischen Tradition steht Venedig den konservativen Kleinunternehmern der reichen Provinz gegenüber. Während in Treviso ein rechtsradikaler Bürgermeister Auschwitz verharmlost, die illegalen ausländischen Straßenhändler grob zu vertreiben pflegt und den Pennern die Parkbänke abmontiert, auf denen seine arbeitsamen Wähler sowieso keine Zeit haben zu sitzen, hält in Venedig Bürgermeister Paolo Costa – einst Minister im römischen Linkskabinett – seine Hand über schwarze Handtaschenverkäufer, Prostituierte und Hausbesetzer.

Sein Vorgänger Massimo Cacciari kam sogar zu internationaler Berühmtheit, weil er als ordentlicher Philosophieprofessor und Buchautor (»Der Archipel Europa«) die Beachtung der Medien auf sich zog. Cacciari wurde zum prominentesten Vertreter des »bürgerlichen Aufstands der Städte« nach dem Zusammenbruch des italienischen Parteiensystems. Unter ihm, der 2000 nach anderthalb Legislaturperioden zurücktrat, wurden in Venedig endlich überfällige Arbeiten wie die Ausbaggerung der Lagune in Angriff genommen. Während der hagere und elegante, wenn auch manchmal etwas hochnäsige Intellektuelle Cacciari über sechzig Prozent der Stimmen erhielt, stets kompetent und unbestechlich blieb und schließlich in ganz Italien politisches Gehör fand, bröckelt es längst auch in der Linksallianz des biederen Technokraten Costa. Seinen kommunistischen Statthalter Vianello entmachtete der Bürgermeister und schob ihn als Abgeordneten nach Rom ab, und lange sah es so aus, als würden sich – wie vorher in der nationalen Regierung – auch die Linken von Venedig selbst zugrunde richten. Doch bisher hält die Koalition mit Mühe.

Auch kam die Stadt nach den gewalttätigen Unruhen von Genua mit ihrem »Centro Sociale« – einem selbstverwalteten Anarchistenwohnblock – ins Gespräch, weil dort maßgebliche Demonstranten ihren Sitz bezogen hatten. An demonstrationsfreien Tagen wirkt das buntbemalte Centro im Hafengebiet so friedlich wie eine Müslikommune. Die obligatorischen Hunde laufen umher, die gemeinsame Kantine, welche leider keine Heizung hat, heißt »Zum toten Spitzel« und serviert sehr anständige Pastagerichte zum Selbstkostenpreis. Die Militanten begrüßen Gäste, die ihnen sympathisch sind, mit Wangenkuß und bereiten neben diversen Anti-Berlusconi-Demonstrationen mal wieder die nächste Reise in die mexikanische Provinz Chiapas vor; bei den dortigen Indios haben die venezianischen Genossen einen Fußballplatz gebaut und kümmern sich seither darum.

Daß die spartanischen Anarchisten Anhänger der ebenso stinkreichen wie erfolglosen Kicker von Venezia sind, gehört zur paradoxen Normalität in Italiens Politik. Im Land von Don Camillo und Peppone gibt es bis heute keine nennenswerte politische Mitte, doch die Extremisten haben gelernt, sich miteinander zu arrangieren. Auf der Insel Giudecca befindet sich beispielsweise der kommunistische Fanclub des Fußballvereins AC Mailand, dessen Besitzer niemand anderes ist als der verhaßte Regierungschef Berlusconi. Italienische Herzen, die solche Widersprüche vereinen, sind eben groß.

Ebenso auf Giudecca wohnt als beliebter Hausarzt der bekennende Faschist Carlo Maria Maggi, der wegen tödlicher Bombenlegerei auf Mailands Piazza Fontana verurteilt wurde und lange im Gefängnis saß. Auch der letzte offene Mussolini-Anhänger im italienischen Parteienspektrum, Pino Rauti, suchte sich ausgerechnet das linke Venedig für seine Parlamentskandidatur aus. Und der notorische Außenminister der letzten, hochkorrupten Regierung Craxi, der Sozialist Gianni De Michelis, der weniger durch seine Politik als durch seine ausschweifenden Diskothekenbesuche im Kreise junger Damen auf Staatskosten von sich Reden machte, wohnt auf Venedigs Lido, von wo er sich nach diversen Aburteilungen und einer Abmagerungskur inzwischen wieder lautstark in der Politik zurückmeldet.

Es scheint, als locke die Stadt, die tausend Jahre keine Parteienkämpfe duldete und mit eiserner Hand von den Patriziern regiert wurde, inzwischen die gesamte bunte Palette politischer Talente an. Im Frühjahr 2002 machte der städtische Beigeordnete für Soziales von sich reden. Beppe Caccia ist ein militanter Linker, der schon einmal medienwirksam mit Brille und Badehose in einen Kanal hüpft, wenn auf der anderen Seite der österreichische Rechtsradikale Jörg Haider einen Auftritt plant. Wegen einer Studentenschlägerei an der Universität Padua stand Caccia mit einigen rechten Gegenspielern vor Gericht, wurde aber in zweiter Instanz freigesprochen. Die Opposition forderte dennoch seinen Rücktritt, was der reizbare Mann mit der bissigen Bemerkung kommentierte, von »Camerati«, also faschistischen Kameraden, nehme er keine Lektionen in Demokratie an. Darauf wurde er von einem Abgeordneten der postfaschistischen »Alleanza nazionale« aufs neue verklagt.

Für Urlauber wirkt Venedig, diese Stadt ohne Autolärm und Neubauten, so friedlich und fern der hektischen Welt. Zwischen singenden Gondolieri und erhabener Kunst könnte man den politischen Hader und Zank daheim glatt vergessen. Die Stadt wirkt wie eine kleine Insel der Schönheit, die dem häßlichen Resteuropa mit dem Zauber ihrer Ästhetik Paroli bietet. Doch die Wahrheit sieht anders aus. Stille Kanäle sind tief.

Die Blutsauger

In den ersten richtig warmen Tagen des Jahres können einem in den Gassen von Venedig merkwürdig gequälte Touristen begegnen, die keinen rechten Blick für die Schönheiten der Stadt haben. Sie bleiben immer wieder stehen, streifen die Socken herunter und kratzen sich die Beine blutig oder schmieren sich verzweifelt Spucke ins Gesicht. Denn im Frühling, der den großen Ansturm von Gruppenreisenden bringt, wird auch ein anderes Völkchen von Venedigliebhabern quicklebendig: die Stechmücken. Im nicht allzu salzigen Lagunenwasser dieser Stadt finden die Larven ideale Bedingungen für gemeinsame Reife. Ist erst die richtige Temperatur erreicht, und das kann in schlimmen Jahren sogar bereits im Dezember oder Februar geschehen, dann kommen die »Zanzare« in Fahrt.

Merkwürdigerweise findet sich in kaum einem gängigen Reiseführer eine Warnung vor dieser Plage. Viel ist von

Tauben und Ratten die Rede, obwohl erstere niemanden bedrohen und letztere fast nie zu sehen sind. Doch eine einzige Nacht in einem Hotelzimmer, das ein Venedigbesucher mit auch nur einer angriffslustigen Mücke teilt, kann den ganzen Aufenthalt gründlich vermiesen. Venedigs Blutsauger gehören zu einer schwarzen, kurzbeinigen Unterart, die, ungemein wendig, reaktionsschnell und zäh, anderthalb Jahrtausende Koexistenz mit dem fluchenden Homo sapiens bestens überlebt hat. Vielleicht hat sie die nachhaltige Verfolgung erst richtig stark gemacht. Nur wer körperlich bestens in Form ist und in der festländischen Zivilisation seinen Jagdinstinkt noch nicht restlos eingebüßt hat, wird mit diesen einfallsreichen Peinigern fertigwerden.

Bevor nach dem Einfall der Goten und Hunnen die Reströmer in der Lagune eine Pfahlsiedlung errichteten, die später Venezia heißen sollte, gehörte diese menschenfeindliche Gegend mit Watt, Sandbänken und trägen Fließgewässern außer dem Biber und dem Reiher vor allem den Insekten. Die kultivierten Römer hatten sich aus derart vermaledeitem Gelände mit gutem Grund ferngehalten, bis die Not sie trieb. Es gibt Historiker, welche den rätselhaften Untergang der frühesten Lagunensiedlung in Torcello, von der heute nurmehr zwei einsame Kirchen stehen, auf die Stechmücken zurückführen. Denn dort, wo viel Süßwasser in die Lagune strömte, drohte nicht nur die Versandung der Kanäle, sondern auch die Malaria. Darum könnte die Ansiedlung rund um Rialto, wo wenigstens ein Teil der Larven im Salzwasser abstarb, auf lange Sicht die besseren Karten gehabt haben.

Wie auch immer – den Venezianern muß die schmerzliche Präsenz der Urbewohner viel Langmut abgefordert haben. Vielleicht wurden sie durch den aussichtslosen Kampf gegen die Zanzare für ihre historischen Großtaten erst so recht abgehärtet, vielleicht waren es gar die Insekten, welche Seefahrer, Kaufleute und Entdecker aus ihrer schönen Stadt regelmäßig in die fernsten Winkel der Welt trieben. Wahrscheinlich war man zu stolz, möglicherweise hielt man die kleinen Tierchen für selbstverständlich – jedenfalls tauchen sie in der Venedig-Literatur nicht mit der gebotenen Deutlichkeit auf. Goethe, Nietzsche, Dickens – allesamt mit Sicherheit schwer zerstochen – und vor allem die Venezianer selbst schweigen schamhaft.

Immerhin findet sich beim wenig bekannten Tiroler Geologen Adolf Pichler in einem Reisebericht von 1872 folgende interessante Beobachtung: »Für die Nacht machten mir die berüchtigten Zanzare einige Sorge; die Fidibusse, welche man, um sie abzuhalten, verkauft, taugen nicht viel. So tut man am besten, sich diese Fidibusse selbst zu machen, indem man aus einer gesättigten Salpeterlösung und Insektenpulver einen steifen Teig knetet, aus diesem kleine Zylinder formt und dann bei gelinder Wärme trocknet.« Pichler, der übrigens bemerkte, daß die Mücken sogar in den Weihwasserbecken brüteten, hat diese explosive Mischung immerhin überlebt. Die Mücken aber auch.

Daß man mit Räucherwerk die Plage lindern wollte, beschreibt auch Paul Heyse – wohl aus eigener Anschauung – in seiner pathetischen Venedignovelle »Andrea Delfin«. Hier bringt die Zimmerwirtin abends »ein Räucherpfännchen, auf dem scharfriechendes Kraut glimmte und ihr seinen Dampf ins Gesicht trieb. Sie trug das Räucherwerk mit kleinen Schritten dicht an den vier Wänden herum, die mit einer Unzahl Fliegen und Mücken bedeckt waren.« Doch die Flüche, mit denen sie die Insekten bedenkt (»Ihr Blutsauger, schlimmer als Advokaten und Doktoren!«), deuten darauf hin, daß das Räucherwerk wohl keine durchschlagende Wirkung hatte.

Den sichersten Schutz bietet eine »Zanzariera«, ein dichtes Rollo aus Fliegendraht, das im Fensterrahmen befestigt wird. Allein, fast kein Hotelzimmer und kaum eine Wohnung verfügt über diese praktische Vorrichtung, was auf versteckte sadomasochistische Neigungen der Hausbesitzer hindeutet. Jedem Stadtbesucher sei empfohlen, außer einer Kortisonsalbe gegen die Stiche ein Moskitonetz oder wenigstens eine chemische Antimückenlotion zum Einreiben mitzubringen. Weil diese Wirkstoffe, in der Regel aus deutscher Produktion, immer milder werden und zudem noch hundertprozentig wirken, habe ich mir fortan jede voreilige Kritik an der chemischen Industrie verboten.

An jenem furchtbaren Sommernachmittag, an dem wir mit Freunden die unbewohnte Lazarettinsel mitten in der Lagune besichtigen wollten, hatte ich dummerweise kein Schutzmittel dabei. Als Millionen summender Viecher aus den ungemähten Wiesen des Lazaretto in meine Richtung aufstiegen und ich bemerkte, daß das nächste Boot erst in anderthalb Stunden gehen sollte, hatte das Festmahl für die Insekten bereits begonnen. Am Abend zählte ich über sechzig Stiche allein im Gesicht und sah tagelang aus wie ein Boxer nach seinem schwersten Kampf. Bald darauf entdeckte ich in einem Blumengeschäft eine fleischfressende Pflanze. Ich kaufte sie und fütterte sie regelmäßig mit den Mücken, die ich blitzschnell meist mit einer Zeitung in der Wohnung erlegt hatte. Aber die Pflanze ging bald ein. Womit der Beweis erbracht wäre, daß sie nicht einmal nahrhaft sind, diese fiesen Mücken von Venedig.

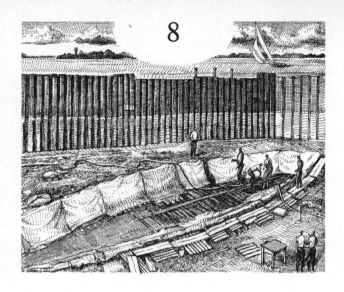

Ein spektakulärer Fund

Die Insel San Giorgio in Alga hat kein Venedigtourist je besucht. Sie liegt weit draußen hinter der Giudecca und vor der alten Mündung der Brenta, die heute Canale di Fusina heißt. San Giorgio ist nur darum in den Seekarten verzeichnet, damit kein Boot bei ihr auf Grund läuft. Denn die Algeninsel ist ein versunkenes Eiland, das nur bei extremem Niedrigwasser trockenfällt, sonst aber von den Fluten der Lagune überspült wird. Im Frühjahr 2001 jedoch wurde das gottverlassene San Giorgio zu einem Wallfahrtsort der Archäologen und Historiker, zum Sehnsuchtsort venezianischer Vergangenheit. Venedig, das mit seinen Fernhändlern und Kolonien in Orient und Levante sowieso schon die Phantasie beflügelt, hatte plötzlich eine Schatzinsel.

Und das kam so: Satelliten der staatlichen Straßenbaubehörde, die auch für die Schiffbarkeit der Lagune zuständig ist, hatten mit ihren Peilungen verheißungsvolle Umrisse im Schlamm knapp unter der Wasserlinie sichtbar gemacht. Sollten dort alte Schiffe gestrandet sein? Kurzerhand trieb man hunderte Spundwände in den Sand und pumpte das Meerwasser ab. Zum Vorschein kamen tatsächlich zwei rudimentäre Bootskörper, ein langer schmaler und ein etwas bauchiger. Herbeigerufene Seefahrtshistoriker ahnten sogleich die Sensation: Im Schlick von San Giorgio hatte die einzige erhaltene Galeere des Mittelalters überdauert, ein Vertreter des Bootstyps, mit dem Venedig einst sein Weltreich aufbaute, seine Waren transportierte, seine Feinde besiegte und Kreuzfahrer ins Heilige Land verschiffte.

Bisher gab es nur Vermutungen, wie diese revolutionären Boote genau ausgesehen hatten, denn damals wurde jedes Schiff bis zum Totalverschleiß benutzt und danach ausgeschlachtet oder aber im Kampf auf den Meeresgrund versenkt, wo es verrottete. In Rekonstruktionen, die man nach Dokumenten und Bildquellen vornahm, zeigt sich die Galeere als scharf geschnittenes Langboot mit relativ flachem Kiel, das Bänke für jeweils drei Ruderer hatte und zugleich von bis zu drei Segelmasten angetrieben wurde. Im Krieg stellte dieses Schiff, das es auf sechs Knoten brachte, eine furchterregende Waffe dar, war es doch erheblich schneller und wendiger als alle Konkurrenz.

Doch auch im Bauch der geräumigeren Handelsgaleere, einer modifizierten Form, fanden immerhin einhundertfünfzig Tonnen Ware Platz. Im Unterschied zu den Genuesen, die dicke, schwerlastige Koggen bevorzugten, nutzten die Venezianer das Tempo ihrer Schiffe und konzentrierten sich angesichts der geringeren Ladefläche auf kostbare Güter und Konvois. Die Galeeren, die bei Bedarf auch gegen den Wind fahren konnten, waren vom Wetter unabhängiger, hielten Handelszeiten ein und waren vor allem behende genug, sich bei Angriffen gegenseitig zu verteidigen. Die starke Bemannung von über zweihundert Seeleuten geriet dann zum Vorteil und machte die Flotte

Venedigs gegen Genuesen, Byzantiner, Araber und später die Türken zu einem fürchterlichen Feind. Ohne die Galeeren hätte es die Serenissima nicht gegeben. Nichtsdestotrotz ging mit den Galeeren, die gegen die Reichweite der Überseegaleonen der Spanier nicht ankamen, Venedigs Glanzzeit zuende.

Der große Venedig-Historiker Frederic C. Lane, der beste Kenner der Materie, starb 1984 und konnte leider nicht mehr erleben, wie genau seine Imagination mit der historischen Wirklichkeit übereinstimmte. Im Sand von San Giorgio zeichneten sich tatsächlich der überlange Rumpf, der spitze hohe Bug und die Verankerung dreier Masten ab. Wäre die Bemannung nicht in Verordnungen der Republik genau verzeichnet, man könnte sich nicht vorstellen, daß in dieser Enge 166 Ruderer, 44 Schützen, ein Kommandant und ein Koch über Wochen, ja Monate überlebten. Die alten Venezianer waren offenbar ein abgehärtetes Seefahrervolk, das aus solchen Galeeren in Windeseile regelrechte Seekastelle bauen und damit überlegenen Feinden standhalten oder sie sogar umzingeln konnte. So beschreiben die byzantinische Kaisertochter Anna Komnene und der Kreuzzugschronist Wilhelm von Tyrus übereinstimmend die furchtlose Taktik der Venezianer, die in Notfällen ihre Gegner sogar rammen und versenken konnten.

Die Galeere von San Giorgio jedoch ging nicht im Kriege unter, sondern im Frieden. Die armen Augustinermönche der Insel wollten um 1300 ihr winziges Territorium mit Bedacht vergrößern und ließen zu diesem Zweck zwei ausgediente Schiffe heranführen. Bei dem dickbauchigen Exemplar handelte es sich um einen oberitalienischen Lastenkahn mit abgeplattetem Kiel, wie man ihn seit der Römerzeit bis zum heutigen Tag im Po-Delta verwendet. Er wurde ebenso wie die Galeere mit Sand gefüllt und planmäßig als Uferbefestigung versenkt. Die

Pfähle, mit denen der Grund abschließend befestigt wurde, blieben bis heute erhalten.

Die Galeere wurde nicht nur in Fachkreisen zur Sensation, konnte man doch erstmals die Tricks der Bootsbauer aus dem venezianischen Arsenal überprüfen: Der Rumpf war an den heikelsten Stellen mit Holz verstärkt, damit das spitze Boot bei hohem Tempo nicht wie ein Aal schlängelte oder gar brach. Metall wurde nur spärlich verwendet, weil Holzverfugungen nicht nur langsamer erodierten, sondern auch preiswerter waren. Das alles, und vor allem die genauen Maße des klassischen europäischen Expansionsbootes kennt man jetzt, doch werden kommende Generationen die Galeere wohl nicht mehr zu Gesicht bekommen. Eine Hebung, die nur mit aufwendiger Restaurierung des Holzes in einer Speziallösung möglich wäre, würde viele Millionen Euro kosten, die in Venedig für andere Zwecke besser verwendet sind. Die kühne Idee eines Schiffahrtsmuseums rund um das Wrack ließe sich allenfalls mit einem Nachbau verwirklichen, für den man jetzt jedenfalls alle erforderlichen Daten hat.

Und so fuhren wir mit dem Motorboot zum Canale di Fusina, wo die versunkene Insel hinter den schwarzen Spundwänden wie ein Riesenfisch am Horizont auftauchte, machten an einem Holzgerüst fest und warfen einen Abschiedsblick auf die letzte Galeere von Venedig. Wir waren nicht die einzigen. Familien mit Kind und Hund waren herausgetuckert; alte Herren unternahmen in den typischen Ringelhemden ihres Ruderclubs eine Expedition in die Vergangenheit; ein Kenner der Stadtgeschichte erklärte ergriffen, mit solch einem schmalen Boot müsse der blinde Doge Enrico Dandolo 1204 ausgefahren sein zur Eroberung Konstantinopels.

Als alle Besucher fort waren, hörten wir inmitten der imponierenden Weite der Lagune nur noch das Rauschen der Pumpen, die die beiden Boote ans Tageslicht befördert hatten. Unter einem kühlen, regnerischen Abendhimmel war dieser Schlick voller zerstoßener Muschelschalen und ein wenig halbverfaultem Holz der passende Ort, unsere grenzenlose Einsamkeit vor der Geschichte zu empfinden. Kurz nach unserem Besuch lag die Galeere wieder – wie siebenhundert Jahre zuvor – unter Sand und Wasser begraben. Und die Insel San Giorgio in Alga ist seitdem erneut ein Phantom, nurmehr auf alten Seekarten zu finden.

Der Traum des Admirals

Admiral Pagnottella hat einen Traum. Eigentlich sind Drei-Sterne-Offiziere wie er nicht zum Träumen bestellt. Doch nachdem der Admiral den Golfkrieg in einem U-Boot in arabischen Gewässern und Italiens Generalstab hinter sich gebracht hat, wurde er zum Chef der Marineakademie in Venedig befördert. Und in Venedig darf, ja muß man vielleicht träumen: Das Arsenal, in dem das Militär seit jeher über die Docks, Fabrikhallen und Hafenbecken der Serenissima wacht, möchte Paolo Pagnottella in das größte und spektakulärste Marinemuseum der Welt verwandeln.

Der hohe Militär, ein charmanter und gebildeter Mann, der auch bei großer Hitze auf Dienstmütze und Handschuhe nur in Ausnahmefällen verzichtet, empfängt in seinem Dienstzimmer hinter dem famosen Löwenportal. Er läßt den Blick hinausschweifen über die weite Wasserfläche des inneren Arsenals und das üppige Grün dieser verbotenen Stadt hinter hohen Mauern; niemand kann seiner Einschätzung widersprechen, daß dies ein mythischer Ort abendländischer Geschichte ist. Hier entstand vor neunhundert Jahren die erste und größte Fabrik unserer Kultur. Im Arsenal setzten bis zu 15 000 Arbeiter die Galeeren zusammen, auf denen die Kreuzfahrer ins Heilige Land fuhren und die Kriege gegen die Türken ausgefochten wurden. Lange vor Henry Ford herrschten hier Arbeitsteilung und Fließbandfertigung. Ohne das Arsenal – das Wort stammt aus dem Arabischen und ist über Venedig in die Weltsprachen gelangt – gäbe es die Seerepublik nicht, ohne die Handelsschiffe aus dem Arsenal wären wohl kaum die Gewürze und Seidenstoffe bei uns bekannt geworden, ohne ihre Kriegsflotte hätten die Muslime 1571 nach der Schlacht von Lepanto weite Teile Europas besetzt.

Vom ersten Kern des Arsenals stehen sogar noch einige uralte Säulen und Dockmauern, doch stellt letztendlich das ganze verlassene Areal, das ein Siebtel der Stadtoberfläche ausmacht, ein Museum der Industriegeschichte dar. Den Hintereingang bewacht ein französischer Mastbaumkran, es gibt österreichische Elektrizitätswerke, eine hydraulische Station in Gestalt einer Moschee, diverse Betonbunker aus den Weltkriegen, uralte, im Boden versenkte Schmiedeöfen, Bäckereien für Schiffszwieback sowie die dreihundert Meter langen Seilziehereien, in deren stimmungsvollen Fluchten seit einigen Jahren die Biennale moderne Kunst ausstellen darf. Daß dies unschätzbare Gelände noch keinen Projekten für Wohnungsbau oder einem mondänen Yachthafen weichen mußte, ist der Sturheit der italienischen Marine zu verdanken, die der Welt ihren intakten Urhafen bewahren wollte. Noch im Balkankrieg lagerte hier – wohl eher symbolisches – Kriegsgerät. Nun muß Admiral Pagnottella, der immerhin auch die Strategieschule, das seehistorische Institut und eine berühmte Maritimbibliothek beherbergt, politische Allianzen für seinen Traum schmieden.

Eine einzigartige Werkstatt zur Restaurierung von Wracks und Schätzen der Unterwasser-Archäologie schwebt ihm vor – mit den zwei jüngst gefundenen venezianischen Galeeren aus der Lagune und dem Gardasee als Prunkstücken. Aber auch die im Aufbau begriffene Flotte aussterbender venezianischer Bootstypen wie der bäuchigen Peata, kleiner Weltkriegs-Patrouillenboote und dem auf Land geschleppten U-Boot »Dandolo« soll dazu dienen, Italien – genauer gesagt: Venedig – als älteste aller Seemächte zu präsentieren. Neulich, erzählt der Admiral, seien britische Militärs zu Besuch gewesen und hätten nur verbiestert gelächelt, als der Hausherr sie auf seine bald tausendjährige Tradition aufmerksam machte.

Bei unserem Rundgang durch das militärische Sperrgebiet genießt der Admiral sichtlich den cineastischen Eindruck der Ruinenästhetik halb überwucherter Industrie, stiller Wasserflächen und faszinierender Durchblicke über Duckdalben aus alten Kanonenrohren. Daß er im Dienst vielleicht nicht einmal den Baubeginn, auf den sich jetzt endlich Stadt, Staat und Militär geeinigt haben, erleben wird, läßt ihn kalt: »Wir stehen hier auf historischem Boden und rechnen mit mediterranen Zeitmaßen.«

Am wohl verschwiegensten Ort von Venedig, dem Tennisplatz der Admiralität, wo er seine verbliebenen Soldaten fit zu halten versucht, weist Paolo Pagnottella auf ein unscheinbares Dockgebäude gegenüber. Dort lagerte über Jahrhunderte der vergoldete »Bucintoro«, das Prunk- und Symbolschiff von Venedig, das die Franzosen bei ihrer Eroberung 1794 mit Bedacht verbrannten. Welche Schiffe hier auch immer der Weltöffentlichkeit vorgeführt werden – eine Rekonstruktion des »Bucintoro« wird nicht dabeisein. »Sehen Sie das Wassertor«, erläutert der Admiral melancholisch, »die Venezianer haben es zugemauert. In diesem Dock wird nie wieder ein Schiff liegen.«

Kurtaxe

Seit Jahrzehnten wird darüber diskutiert, wie die Tagestouristen ihren angemessenen Beitrag zum Unterhalt von Venedig leisten können. Denn anders als die Hotelgäste, die Herbergsverband und Gastwirten ordentlich die Kassen füllen, hinterlassen die bis zu hunderttausend Tempotouristen pro Tag in der Stadt wenig anderes als ihren Müll. Meistens rauschen Busgruppen à sechzig Personen vormittags auf einem der Großparkplätze an, entlassen die Menschen unter auswärtiger Führung in Richtung Markusplatz und sammeln sie am frühen Abend wieder ein. Oft haben die Leute bei ihrem Kurztrip aus ihren Hotels Lunchpakete und Getränke mitgebracht, deren Verpackungen sie dann bestenfalls in den Mülleimern, oft genug aber in den Gassen loswerden und dann irgendwie in einem Café umsonst auf die Toilette zu kommen suchen.

Nachmittags schleppen sich dann ausgepumpte Rentner, die sogar noch das Ticket fürs Vaporetto sparen wollen, zurück zum Busparkplatz. Oder genervte Schülergruppen lassen sich kraftlos auf Brücken und Plätzen nieder und blockieren souverän alle Durchgänge. Am Markusplatz, wo garantiert alle vorbeikommen, sieht man im Getümmel die schwitzenden Fremdenführer, die mit einem Wimpel oder einem Regenschirm in der Hand ihre Schäfchen zusammentrommeln, um das gängige, zudem kostenfreie Rumpfprogramm zu absolvieren: drei Minuten im Gänsemarsch durch die Markuskirche, ein paar Erläuterungen zum Platz davor sowie einen Rundgang von bestenfalls zweihundert Metern.

Dem herben Charme einer solchen Tour zum Trotz hat sich bei Busunternehmern von Rosenheim bis Rom die lukrative Branche der alltäglichen Venedigfahrt etabliert, von der einzig die Hotellerie in Mittenwald, Kitzbühel oder Abano profitiert, während Venedig so manchen Tag an die Grenze der Aufnahmefähigkeit gelangt. Aber wären die Leute trotz des drängelnden Geschiebes nicht zufrieden, würden wohl nicht gar so viele kommen. Pro Tag sind es, zumal in der einigermaßen warmen Saison von März bis November, zwischen hundertfünfzig und zweihundert Busse, die Venedig anfahren.

Seit der Osterwoche 2002 gilt für alle Reisebusse eine Maut, die an vier Kontrollstellen auf dem Festland einkassiert wird, bevor sich die Fahrzeuge über den Ponte della Libertà den Parkplätzen nähern. Bürgermeister Costa hatte diese Sonderverordnung endlich durch die Instanzen gepeitscht, weil er das übliche italienische Prozedere – nämlich noch ein paar Jahrzehnte weiter zu diskutieren – nicht mehr mitansehen wollte. Die rechte Opposition, erkennbar getrieben durch die wohlhabende Branche der Hoteliers und Händler, schrie Zeter und Mordio, weil nun pro Bus und Tag hundertfünfzig Euro fällig werden – also zweieinhalb Euro Kurtaxe pro Tagestourist.

Die Krokodilstränen haben glücklicherweise niemanden beeindruckt, weiß doch jeder, wie gut die Transporteure an den Touristen verdienen. Andere Sehenswürdigkeiten Italiens, etwa Florenz, fordern schon längst eine Busgebühr, die sich neben einer gepfefferten deutschen Kurtaxe immer noch harmlos ausnimmt. Will Venedig wenigstens die zwölf Millionen jährlichen Euro für die Straßenreinigung wieder hereinholen, müssen auch noch die großen Gruppenboote besteuert werden, die ihre Last täglich an den Kais entlang der Riva degli Schiavoni abladen und aus den umliegenden Hafenorten, ja sogar aus Istrien und Grado im Minutentakt durch die Fluten pflügen. Hier soll bald mit einem elektronischen Kontrollsystem abgerechnet werden.

Der erste Tag der neuen Maut brachte erwartungsgemäß gehöriges Chaos. Die Busfahrer wußten von nichts oder taten wenigstens so; es gab Staus an den Kassierstellen, es fehlten Hinweisschilder, Wendeplätze und Ausnahmeregelungen. Ahnungslose, die sich ohne Maut durchgemogelt hatten, bekamen sofort gesalzene Strafen aufgebrummt. Dann wurde bekannt, daß italienische Schülergruppen nur dreißig Euro pro Bus entrichten müssen, was sogleich die anderen auf die Barrikaden brachte. Auch bekamen venezianische Busse Probleme, die nun gerade das Umgekehrte tun wollten, nämlich Venezianer von den Parkplätzen aufs Land befördern. Der Bürgermeister, der Gott sei Dank keinen Millimeter von seiner Gebühr abrücken will, versprach für alles Abhilfe. Wenn erst einmal die meisten Busse ihre Tickets vorher gegen Ermäßigungen reservierten, würden auch die Staus abklingen.

Immerhin brachten die hundertvierundfünfzig kontrollierten Busse des ersten Tags sogleich die Summe von fast zwanzigtausend Euro für die Stadtkasse – was aufs Jahr gerechnet etwa sieben Millionen Euro erbringen dürfte. Allerdings, so mahnten Busfahrer und Tourismusmanager, müsse die Stadt für das Geld auch ihren Service verbessern, also an den Parkplätzen Toiletten bauen, Wartebänke errichten und den Massenverkehr besser lenken. Fast niemand, und schon gar keiner der schimpfenden Busunternehmer, zeigte sich von der Maut an sich abgeschreckt. Venedig bleibt Venedig, war der Tenor, und da wollen alle mal hin.

Es ist ja üblich, die oft genug überforderten Leute zu verfluchen, die im Sommer gerne in Turnhose oder Unterhemd die Gassen verstopfen. Es gibt sogar Venezianer, die sich am übertouerten Souvenirverkauf oder schlechtem Essen eine goldene Nase verdienen und trotzdem fleißig die Besuchermassen schmähen. Aber soll Venedig eine Geisterstadt ausgesuchter Luxusreisender werden? Haben nicht auch weniger begüterte Menschen aus Polen, Kroatien oder Ungarn, haben nicht auch Schnuppertouristen das Recht, sich wenigstens ein paar Stunden an der Schönheit der Stadt zu berauschen? Und war Venedig nicht immer eine pulsierende Stadt voller Besucher, die aus allen Nähten platzte? So betrachtet, geht es gerade zwischen den drängelnden Gruppen – und nicht in den gekühlten Lobbys der Luxushotels – gemäß der städtischen Tradition zu, nämlich laut und chaotisch.

Wenn irgendwo bei San Marco staunende Gruppen mit Kameras, Kinderwagen und Lunchpaketen sich vor Schaufenstern drängeln, Stadtpläne ratlos hin- und herwenden und mir den schnellsten Weg versperren, dann folge auch ich anfangs dem Impuls, den billigen Massentourismus zu verdammen. Dann aber stelle ich mir jede andere Stadt der Erde und ihre Fußgängerampeln vor und mäßige meinen Schritt; es geht immer und meistens sogar hurtig vorwärts. Und ich stelle mir vor, wie ich vor langer Zeit als ahnungsloser, verschüchterter Fünfzehnjähriger bei einem Busausflug aus Kärnten zum erstenmal durch die Gassen von Venedig irrte und wie für mich an diesem Tag ein Lebenstraum begann, der erst viel später Wirklichkeit wurde. Vielleicht, denke ich dann, ist ja auch heute bei den Busgruppen wieder so jemand dabei.

II

Der Magier

Dieser Alexander muß ein verteufelt attraktiver Mann gewesen sein, dachte ich schon nach den ersten Telefonaten. Aber ist das ein Wunder? Schließlich hatte Alexander in Venedig gelebt, also in einer Stadt, die immerhin einen Giacomo Casanova hervorgebracht hat. Sobald wir unser Telefon angemeldet hatten, verging kaum ein Tag, ohne daß ich eine begehrliche Frauenstimme am Hörer hatte: Alexander? Nein, leider falsch verbunden.

Die Stimmlagen, die Grade von Leidenschaftlichkeit ließen mich diesen Alexander immer mehr bewundern. Es war alles dabei – von rauchigen Vamps mittleren Alters bis zu fiebrig piepsigen Jungmädchenstimmen, von sensibel hingehauchten Begrüßungen bis zu resoluten Damen, die wußten, was sie wollten. Sogar Greisinnen hörte ich heraus. Sie alle wollten immer nur eins: Alexander, und zwar sofort. Und sie waren nicht abzuwimmeln. Es nutzte wenig, daß ich beteuerte, keinen Alexander zu kennen, daß dies wohl der Vorbesitzer meiner Telefonnummer gewesen sein müsse, daß ich leider nicht weiterhelfen könne. Einige wurden sofort autoritär: Dann solle ich gefälligst mit Alexanders neuer Nummer rausrücken. Andere versuchten es auf die sanfte Tour: Sicher, wir wüßten ja alle, daß Alexander sehr beschäftigt sei, aber ich könne doch gewiß eine kleine Ausnahme machen und sie freundlichst weiterverbinden.

Mit der Zeit wurde Alexander zu so etwas wie einem guten Freund. Irgendwie fühlte ich mich ihm nahe, wenn ich nachts um halb zwei einer hörbar verzweifelten Frau erst ihre Sehnsucht und dann ihre Enttäuschung auszureden versuchte. Auch sehr früh morgens, wenn es bei einem bekennenden Nachtmenschen wie mir meist still ist in der Leitung, versuchten Alexanders Frauen, meinen Tageslauf dauerhaft in die Hand zu nehmen. Ich verlor mit der Zeit den Überblick, wie viele es waren und ob es sich immer um denselben Kreis oder immer um andere handelte. Die Anrufe jedenfalls rissen nicht ab. Alexander ist ein Mann, den eine Frau nicht so leicht vergißt.

Wenn meine Frau ans Telefon ging, war es noch schlimmer. Keine Rivalin wollte sich vertrösten lassen; es war, als ob man gegen die Wand redete: Alexander, Alexander, Alexander. Ein paarmal wurden sie sogar rabiat: Jetzt sei aber Schluß mit der Geheimnistuerei, sie wollten jetzt sofort weiterverbunden werden, sie hätten das Spiel durchschaut. Auch wir hätten das Spiel gerne durchschaut…

Es dauerte fast ein Jahr, bis wir das Rätsel lösen konnten, jedenfalls ein bißchen. Als wir einem venezianischen Freund unser Leid klagten, fing der plötzlich lauthals zu lachen an. Aber klar, da hätten also wir, ausgerechnet wir, die Nummer des berühmten Alexander geerbt. Der Mann war in Venedig stadtbekannt, weil er über Jahre als Wahrsager im Lokalfernsehen seine Dienste angeboten hatte. Also einer aus jenem Gewerbe, das sich in Italien auf vielen Kanälen mit Telefonseelsorge breitmacht: vollbusige Tarotspielerinnen in Blümchenkleidern, schwer umschattete Kaffeesatzleserinnen oder hagere Männlein mit Menjoubärtchen, denen man wachen Sinnes keinen Staubsauger abkaufen würde, die aber offenbar bestens zur Lebensberatung und für den Kontakt mit den Liebsten im Jenseits taugten.

Unser Freund konnte Alexanders Erscheinung leider nicht so genau beschreiben, ich stelle ihn mir mit Maßanzug und buntem Turban vor, vielleicht auch mit einem Tirolerhut. Seine Geschäftsmethode war jedenfalls genial: Weil ja dem Gewerbe des Magiers zweifellos Unwägbarkeiten und Dubiositäten nicht abzusprechen sind, bot sich Alexander, nach Seriosität und Akzent erkennbar ein Deutscher, als solide Alternative an. Wenn die Italiener auf die Verläßlichkeit deutscher Autos und deutscher Küchenmaschinen schworen, dann vertrauten sie auch einem deutschen Wahrsager.

Also hatten Alexander und ich wenn schon nicht die vielen Frauenbekanntschaften, so doch einen markigen deutschen Akzent gemeinsam. Und dieser Akzent, vielleicht auch die Stimmlage, machte die Anruferinnen so sicher, mit der richtigen Person verbunden zu sein. Konnte es sein, daß der große Magier zuviel zu tun hatte oder sich in einer Phase der Meditation befand? Seine früheren Beratungen lohnten offenbar die Mühe, sich zu ihm durchzukämpfen. Seit ich wußte, worum es sich drehte, ging ich die Telefonate mit größerer Heiterkeit an. Meist sagte ich, Alexander habe von Venedig die Nase voll und sei weggezogen (was vermutlich ja auch stimmte). Zuweilen probierte ich die Hartnäckigkeit des Gegenübers aus, indem ich lakonisch vermeldete, Alexander sei nicht da und komme auch nicht mehr wieder. Solche Gespräche endeten meist im Streit, und ich mußte lernen, daß Leute, die einem Magier alles Mögliche glauben, offenbar keineswegs leichtgläubig sind.

Irgendwann war dann sogar ein Brief in der Post, der zwar mit der korrekten Adresse, aber der merkwürdigen

Aufschrift »Dottore Dulk Scoma« versehen war. Ich erriet sogleich, daß sich hier jemand widerrechtlich unsere Anschrift verschafft hatte. Der Zweieinhalbseitenbrief begann mit den Worten »Caro Alexander«. Es handelte sich um eine Dame mittleren Alters, die ihren Brief mit einer Mitteilung eröffnete, die uns nicht sonderlich überraschte: Sie hätte es schon zahllose Male per Telefon versucht. Dann schilderte sie mit herzzerreißenden Worten und mit zitternder Schrift den tragischen Konflikt zwischen ihrem Mann und ihrer Schwiegermutter. Sie war überzeugt, daß ausgerechnet Alexander (oder ich?) diesem jahrelangen Zerwürfnis ein Ende bereiten könnte. Ich antwortete nicht. Aber in diesen Wochen kam die Idee bei uns auf, daß wir, sollten die Zeiten einmal schlechter werden, Alexanders einträgliches Gewerbe einfach übernehmen könnten. Für das Problem, wie man streitsüchtige Schwiegermütter zur Raison bringen kann, hätte ich so meine Ideen. Und in die Sexualtherapie, die Karriereplanung oder den Kontakt mit dem Jenseits könnte man sich mit etwas Phantasie schon einarbeiten.

Magier ist heute augenscheinlich ein Beruf mit Zukunft und vor allem mit einem unbeirrbaren Kundenstamm. Wenn man bedenkt, daß sich Alexander schon vor gut drei Jahren zur Ruhe gesetzt haben muß, wird das Ausmaß der Lücke klar, die er hinterlassen hat. Neuerdings rufen sogar Männer an. Jetzt habe ich mir die Radikalkur überlegt: Ich werde allen Anrufern und Anruferinnen mit kühlem deutschem Akzent entgegnen, ich sei tatsächlich der lange vermißte Alexander. Aber jetzt hätte ich ihnen eine wichtige Mitteilung zu machen, sie sollten genau zuhören: Magier seien allesamt Scharlatane, die Wahrsagerei sei pure Geschäftemacherei, sie sollten Zeit und Geld besser in ein gutes Abendessen mit der Familie investieren. Ob mir das jemand glauben wird?

Die Biennale

Auf der Biennale 2001 gab es die eindeutige Heldin der venezianischen Saison zu bewundern: die blondierte, bleiche Schwedin aus dem nordischen Pavillon. Mit Stoizismus saß sie schon im Frühling bei der Eröffnung an ihrem Beistelltisch im kargen Betonsaal, las ein dickes Buch und überwachte nur mit einem ihrer blauen Augen die Leere, die aseptischen Weißwände und dünnen Drähte, die so treffend die Kühle Skandinaviens in die schwüle Lagune transponierten. Kurz vor Toresschluß, eine Woche vor Ende der Biennale, saß sie immer noch da, mit demselben gleichmütigen Blick und ihrem dicken Roman. Mit der Robustheit eines schwedischen Mittelklassewagens hatte sie alles durchgehalten: die Hitze, den Rummel und vor allem das massive Hintergrundrauschen, mit dem die Künstler ihrer Installation die adäquate Sperrigkeit verpasst hatten –

eine akustische Folter, die ich keine dreißig Sekunden hätte ertragen können.

Wer bei der Biennale mitmacht, ist hart im Nehmen. Geduldiger als die Kunden einer sibirischen Metzgerei zur Zeit der kommunistischen Mangeljahre warteten auch an den Abschlußtagen zahllose Interessierte in einer langen Schlange vor dem deutschen Pavillon. Der junge Rheinländer Gregor Schneider hatte hier ein finsteres, übelriechendes, winkliges Hexenhaus eingerichtet, durch das die Besucher – munkelte man – kriechen und klettern mußten. Das Tote Haus Ur – schon der Name klang so komisch, was mochte wohl darinnen sein? Wer sich einreihte, dem zeigte ein Schild am Ende der Schlange die voraussichtliche Wartezeit an; sie lag schon am Vormittag bei gut zwei Stunden.

An den Nachbarpavillons machte sich indessen die gute Laune breit, wie wir sie auch von Campingplätzen in der Nachsaison kennen. Wächter stellten sich ein paar Blümchen auf einen Klapptisch und vesperten fröhlich bei einem Fläschchen Wein aus dem Supermarkt. Auch einige fußlahme Kunstfreunde packten ihre Butterbrote aus und machten es sich auf der Parkbank bequem, während eine Bedienstete des deutschen Pavillons für die Kollegen die übliche Mittagspizza holen ging. Das Tote Haus Ur machte offenbar nicht nur hungrig auf Kunst.

Man kann nicht sagen, daß die Biennale die Venezianer sonderlich bewegt. Die älteren Semester haben schon manche Welle der modernen Kunst über ihr Städtchen schwappen sehen, und den kleinen Kindern wird es später einmal nicht anders gehen. Mittlerweile hat die ökonomische Fakultät der örtlichen Universität ein Gutachten publiziert, wonach die Kunstschau einige hundert Millionen Euro in die Stadt bringt. Das ist grob geschätzt, macht aber aus jedem Taxifahrer, jedem Koch und jedem Hotelbesitzer einen erklärten Avantgardisten. Eine Ausstellung, deren Pavillons die Länder größtenteils selbst bezahlen, deren zahlungskräftige Besucher auch in der heißen Jahreszeit die teuren

Hotelbetten füllen und den Ruf Venedigs mit Tausenden von Journalisten in aller Welt auffrischen – wenn es die Biennale nicht sowieso schon lange gäbe, die Venezianer müßten sie sofort erfinden.

Am frühen Nachmittag, als in den Abschlußtagen der Ansturm ein wenig nachließ, standen sich die Interessenten vor dem Toten Haus Ur immer noch die Beine in den Bauch. Das Personal der anderen Pavillons, in die nun jedermann leicht hereinkam, schaute neidisch auf die Deutschen, die ihren Andrang so weise aufstauten. Nein, erklärte eine junge Dame kategorisch, immer nur zehn Besucher auf einmal, sonst keinerlei Kunstgenuß. Und nur die vordersten der Wartenden durften auf ein paar Klappstühlen Platz nehmen. Aktuelle Länge der Warteschlange: zwei Stunden und dreißig Minuten.

Etwas weniger los war bei den Tschechen, wo eine deutsche Touristin das Badezimmer eines hundsnormalen Wohncontainers mit allerhand Fernsehgeräten inspizierte. »Das find ich jetzt interessant«, sagte sie vorsichtig zu ihrem Mann. »Bei aller Liebe«, antwortete der kennerhaft und ging hinüber zum großzügig möblierten Pavillon Amerikas, dessen Protagonist es schaffte, einen ganzen Raum mit einer leeren Schnapsflasche oder einem Abflußentstopfer zu bestücken.

Die Kirmeshaftigkeit der aktuellen Kunst kam dieser Biennale sehr entgegen. Da durften Jugendliche mit einem sogenannten Artmobil Tandem fahren. Die Vorführräume für die Videoinstallationen fungierten mit ihrem Brummen und Flackern als düstere Geisterbahnen, allerorten krochen Gummischildkröten umher wie im Märchenland, Neonröhren blinkten in allen Karussellfarben durch die diesige Lagunenluft, während die Besucher des Toten Hauses Ur tapfer vor dem Eingang ausharrten wie vor der Toilette eines Bierzeltes.

Welche Attraktion mag wohl die schönste gewesen sein? In den endlosen Werfthallen des Arsenals, die allein den

Biennalebummel lohnten, fand sich noch eine feministische Gummizelle, vollständig mit Damenbinden ausgekleidet. Und das einzige Fleckchen Grün hatte ein Künstler aus Halle an der Saale mit ekligem rosafarbenem Gummischleim ausgegossen. Ebensowenig Trost bot ein putziges Tschernobylpanorama in einer olivgrünen Militärjurte, dem provisorischen Pavillon der Ukraine. »Aber es waren trotzdem ein paar schöne Sachen dabei«, sagte eine abgehärtete deutsche Besucherin am Ausgang zu ihrem Mann. Vielleicht meinte sie die Dänen, meine ganz persönlichen Favoriten.

Sie grüßten schon vom Katalog herab ihr Publikum mit zwei Flaschen Tuborg, saßen dabei in einem Krautgarten und schienen auch sonst viel Spaß im Leben zu haben. Diesen Eindruck verstärkte jedenfalls jenes Foto, das den zauselbärtigen Künstler mit seiner Frau bei einem flotten Sirtaki auf einem grünrot angepinselten Tisch zeigte. Der Tisch war ausgestellt. Überall standen bunte Plastikmöbel und Fernseher, es gab Brunnen, blaue Kacheln und lackierte Grünpflanzen und zur Krönung sogar eine Voliere voller Kanarienvögel. Hier zu sitzen und über dem Trällern der possierlichen Tierchen ganz langsam das Brummen und Rauschen und Fiepen der Restbiennale zu vergessen – das lohnte die weiteste Anreise.

Lange verweilte ich bei den Kanarienvögeln und dachte darüber nach, ob ich wohl ein glücklicher Mensch geworden wäre mit zwei so durchgeknallten Eltern wie diesen beiden Dänen, und ich fand keine Antwort. Währenddessen brach die Dämmerung über die Pavillons herein. Bei den Nordländern saß die blondierte Schwedin, schmökerte in ihrem Buch und ließ sich vom Krach der Kunst nicht stören. Die Schlange vor dem Toten Haus Ur maß immer noch eine Stunde und fünfzig Minuten.

Bonaparte

Viele Passanten werden sich die Augen gerieben haben, als sie an einem frischen Sonntag im Frühjahr 2002 in den Gassen von Venedig einer Demonstration mit Fahnen, Pfeifen und Pauken über den Weg liefen. Ging es gegen Berlusconi? Für die Kommunisten? Gegen die Terroristen? Nein, der geballte Volkszorn richtete sich auf einen Politiker, der auf dem europäischen Festland nicht mehr unbedingt in den Tagesnachrichten vorkommt: Napoleon Bonaparte. Die anachronistische Veranstaltung, bei der über hundert Aktivisten in historischen Uniformen unter dem hübschen, rotgoldenen Markusbanner aufmarschierten, gehörte zu einem typisch venezianischen Streit, der wochenlang mit heftiger Polemik ausgetragen wurde. Soll mit Geld eines öffentlichen Sparkassenfonds die berühmte Napoleonsfigur, die 1811 bis 1814 vor dem Dogenpalast stand, für die Stadt zurückerworben werden?

Auf einer Versteigerung bei Sotheby's in London war genau dies – für den Preis von gut dreihunderttausend Euro – geschehen, doch empfanden zahlreiche Venezianer es als Eklat, daß im städtischen Museo Correr die überlebensgroße Statue desjenigen Mannes aufgestellt werden sollte, welcher der ehrwürdigen Republik der Serenissima einst den Garaus gemacht hat. Niemand anderes als Napoleon ließ die Inselstadt erstmals in der Historie durch fremde Truppen besetzen, plünderte sie wie alle eroberten Territorien gründlich aus, säkularisierte Kirchen oder riß sie ab und überantwortete schließlich das gebeutelte Staatswesen den Österreichern. Seit sich unter französischem Druck am 15. Mai 1797 die Patrizierherrschaft unter dem Dogen Lodovico Manin selbst auflöste, wurden Napoleons Prophezeiungen, er werde zum Hunnenkönig Attila für Venedig werden, auf traurige Weise wahr. Denn mit Napoleon war Venedigs Unabhängigkeit für immer vorbei.

Für immer? Aktivisten einer Separationsbewegung, die vor Jahren den Markusplatz mit einem Panzer besetzten und dafür jahrelang ins Gefängnis mußten, kämpfen bis heute für die Selbständigkeit der Serenissima. Kein Wunder, daß solche Leute wie Flavio Contin bei den antinapoleonischen Protesten in vorderster Linie kämpfen. »Das ist doch«, eiferte sich der Chefideologe der »Serenissima«, »als würde der Bürgermeister von New York in der Stadt ein Denkmal von Bin Laden aufstellen.« Die Gemüter der Patrioten waren also schwer erhitzt; es gab Unterschriftensammlungen, bei denen sich auch ahnungslose Touristen gegen den fiesen Usurpator in Listen eintrugen. Der Ankauf, der maßgeblich von einem französischen Fonds zur Rettung Venedigs ermöglicht wurde, hatte schließlich noch ein ausführliches Nachspiel in Stadt- und Regionalrat.

Aber sogar einfache Bürger wie unsere Papierwarenhändlerin fühlten sich durch die späte Ehrung Napoleons auf die Barrikaden gebracht. »Sollen sie den Verbrecher doch behalten und im Louvre ausstellen«, sagte die lokalpatriotische Dame und erinnerte daran, wie wenig die Italiener die Franzosen im allgemeinen ausstehen können, weil diese meist kein Wort Italienisch sprechen und sich immer mit ihrer Küche großtun, obwohl doch jeder weiß, daß das feine Essen in Italien erfunden wurde. Ein venezianisches Sprichwort faßt diese gesunde Antipathie in die Formel: Nicht alle Franzosen sind Diebe – nur ein guter Teil, ein »buona parte« eben. Tatsächlich machten dann venezianische Lokalpolitiker den Vorschlag, die umstrittene Marmorfigur gegen eines der zahlreichen Kunstwerke, etwa Paolo Veroneses majestätische »Hochzeit zu Kana«, auszutauschen, welche die Franzosen 1797 raubten und bis heute neben zahlreicher Beutekunst stolz im Louvre ausstellen.

Nach der französischen Eroberung hatten die anpassungsfähigen Venezianer anfangs noch achtungsvoller von Napoleon gedacht, der die Stadt am 29. November 1810 für zehn Tage besuchte, am Canal Grande logierte und mit Opern und Feuerwerken groß gefeiert wurde. Denn der Kaiser hatte nicht nur die Staatskasse geraubt, er hatte wenigstens den Hafen und das Arsenal ausbessern lassen, eine Akademie der Künste und diverse Gymnasien gegründet, den Juden das Bürgerrecht beschert, auf dem Festland Brücken und Straßen erbauen lassen sowie neue Mauern für die Flutsicherung in Auftrag gegeben. Auch das Krankenhaus auf dem Gelände des Klosters von Giovanni e Paolo ist dem Korsen zu verdanken, der dafür die schwerreichen Mönche kurzerhand enteignet hatte. Daß er aber den Markusplatz verunstaltete, indem er für seinen Palast die Kirche San Geminiano abreißen ließ, haben ihm die Venezianer nie verziehen und die Kirche originalgetreu, allerdings mit dem Patron San Maurizio, ein paar hundert Meter weiter wiedererrichtet.

Im lesenswerten Kompendium »Napoleon I. in Venetien« von 1901 berichtet die kundige Autorin Henry Perl – eigentlich hieß sie Henriette und war als deutsche Wagnerianerin auf den Spuren des Komponisten in Venedig gelandet –, wie sich nach Napoleons Niedergang 1814 der Volkszorn an der Statue, die prominent auf der Piazzetta vor dem Dogenpalast der Witterung trotzte, gerächt hat. Schmähreden und Schimpflieder regneten nun auf das arme Kunstwerk des klassizistischen, kunsthistorisch unbedeutenden Bildhauers Domenico Banti herab. Soldaten mußten gar zum Schutz des marmornen Napoleons anrücken bevor eines Morgens um fünf »unter lautem Johlen und Fluchen des zahlreich versammelten Volkes« die Statue endlich »zu Boden gerissen wurde«. Seither galt sie als zerstört oder zumindest als verschollen.

Doch allzu arg kann der Schaden nicht gewesen sein, denn heute wirkt der hehre Franzosenkaiser mit seinen Herrschaftsinsignien relativ unbeschädigt. In welchem Besitz er die letzten zwei Jahrhunderte überlebt hat, ob er überhaupt legal nach London zur Versteigerung ausgeführt wurde und wer daran verdient hat – das alles wollte die italienische Polizei klären, während sich Museumsdirektor Romanelli bereits auf das historisch bedeutsame Kunstwerk freute. Doch wo immer schließlich das Stück in der Stadt auch landen wird – Napoleon wird bei den Venezianern wohl Polizeischutz benötigen.

Das Gelöbnis

»Patria e onore« steht in großen Lettern auf dem letzten Gebäude, das man von Venedig sieht, wenn man mit dem Schiff zum Lido hinüberfährt. »Vaterland und Ehre« – das sind hehre Worte für einen derart nüchternen Backsteinklotz von Schule, aber den pubertierenden Eleven soll der Spruch täglich vor Augen stehen, damit sie – wie das diesem Alter eigen ist – nicht dauernd andere Sachen im Kopf haben. Die Militärschule »Francesco Morosini« ist eine ganz besondere Lehranstalt und führt auf ihrem weiträumigen Gelände der Insel Sant' Elena ein Leben abseits vom Rummel der Stadt. Ihre Absolventen fallen nur dann ins Auge, wenn die jungen Herren in Ausgehuniform mit Paletot, weißer Marinemütze und Degen durch die Gassen streifen.

Seit Anfang der sechziger Jahre gibt es die Marineschule, doch reicht ihre Tradition – wie immer in Venedig – über

Jahrhunderte zurück. Im Kampf gegen die Türken wurde es zum Brauch, besonders begabten Patriziersöhnen auf der Marineakademie eine gründliche Ausbildung zum Seefahrer angedeihen zu lassen. Venedigs Flotte brauchte Nachwuchs. Nachdem dieses Institut erst im neunzehnten Jahrhundert im allgemeinen Niedergang der Stadt aufgelöst worden war, gründete die italienische Marine es im Jahr 1961 neu. Seither hat es sich herumgesprochen, daß die Absolventen einen elitären Unterricht genießen und vor allem nachher wie Pech und Schwefel zusammenhalten, was in den Beziehungsnetzen der Gesellschaft Italiens nicht ohne Vorteile bleibt: Alle sitzen in einem Boot. Wer zudem eine Laufbahn auf See anstrebt, der ist auf dieser Schule goldrichtig. Man sagt sogar, daß berühmte und reiche Familien ihre Stammhalter auf die Morosini schicken damit ihnen ein für alle Mal Pünktlichkeit und Härte beigebracht werde.

Drei Tage dauern allein die strengen Aufnahmeprüfungen in Ancona, danach folgt für die ausgewählten Sechzehnjährigen eine lange Zeit, bis sie sich ans Wecken um sechs Uhr dreißig, den sportlichen Drill und den abendlichen Zapfenstreich um Viertel vor elf gewöhnt haben. Es geht ein bißchen zu wie auf einem Panzerkreuzer. Zur Belohnung gibt es am Ende jedes der drei Schuljahre einen Schnupperkurs auf einem italienischen Segelschulschiff oder einem Boot der Kriegsmarine. Aus den Jungen soll sich schließlich auch der schwimmende Offiziersnachwuchs des Landes rekrutieren.

Venedig ist der richtige Ort für dergleichen Ambitionen. Der Namensgeber Francesco Morosini kämpfte sich im siebzehnten Jahrhundert als Seeheld gegen die Türken durch jeden Hafen der Ägäis, bevor er zur Krönung Doge werden durfte. Ob die gedrillten Jungen an Schlachten mit Karavellen und Kanonen denken, wenn sie zu ihren meist etwas ungelenken Übungen im venezianischen Rudern in die Gewässer vor ihrer Schule aufbrechen? Und ob sie genug von der Tapferkeit venezianischer Patrizier im Blut haben, wenn sie mit den ansässigen Rabauken zusammenstoßen? Unlängst wurden nämlich einigen stolzen Erstkläßlern von einem Trupp Jungs aus der Altstadt die Hüte und Degen weggenommen, bevor die Seehelden – ausgestattet mit einer Tracht Prügel – wieder heimkehren durften. »Die Mädchen stehen auf unsere Uniformen« – dieser forsche Spruch aus der Werbebroschüre der Scuola Morosini mag bei dem Scharmützel mit im Spiel gewesen sein.

An einem regnerischen Frühlingswochenende des Jahres 2002 war das alles vergessen. Den Schülern sollte aus der Hand des italienischen Staatspräsidenten die Landesfahne übergeben werden, bevor sie vor einem Publikum aus Ministern, Admirälen und angereisten Familien ihr großes Gelöbnis auf die Trikolore ablegten. In Italien wird derlei immer zu einem bunten Spektakel, auf dem taubenverseuchten Markusplatz ganz besonders. Dazu hatte die Marine ihre Blaskapelle beordert und eigens den gigantischen Panzerkreuzer »Vittorio Veneto« ins Becken vor San Marco geschippert – eine Ansicht, ob derer viele Touristen vor Schreck zusammenzuckten.

Als nach einer Stunde heftigen Wolkenbruchs die Kadetten mit vorgehaltenem Gewehr auf die Piazza marschierten, gerieten pudelnasse Väter in Aufregung, riefen Mütter unterm Regenschirm nach ihren Sprößlingen, fielen hüpfende Omas und Opas vor Begeisterung beinahe vom Schaugerüst. »Ist er nicht schön? Der zweite von links in der siebten Reihe von hinten rechts ist unser Marcello!« Alle italienischen Waffengattungen waren präsent: die Alpini-Gebirgsjäger mit ihrem Federhut, die stahlblaue Luftwaffe, die rotschwarz gegürteten Carabinieri, das braune Heer und sogar die Bersaglieri, die Scharfschützen mit ihrem unnachahmlichen Bommelbusch aus schillernden Riesenfedern am Hut. Schwerbewaffnete Soldaten patrouillierten auf den Dächern. Doch niemand übertraf die

Garde des Präsidenten: grimmige Zwei-Meter-Männer unter imposanten Goldhelmen, wie direkt aus einem venezianischen Barockgemälde entsprungen.

In der Folge erklang mehrfach die italienische Hymne von den »Fratelli d'Italia«, Veteranen marschierten mit ihren Wimpeln auf, der Verteidigungsminister sprach markige Worte, Japaner knipsten verzückt, hüftsteife Ehemalige der Marineschule übten sich in exaktem Marschieren und blickten neidisch auf die martialischen Tarnfarben der Marineflieger des Eliteregiments »Battaglione San Marco«, dem viele Venezianer besonders verbunden sind. Danach ging es in die Schule zum Festabend, feuchtfröhlich, wie es der Marine zukommt. Sobald aber die Woche und damit die Normalität wieder anfing, mußten – ob Wolkenbruch, ob Sonnenstich – die harten Jungs von der Morosini wieder üben, für Vaterland und Ehre dem Leben entgegenzurudern.

TOD DES DICHTERS

»Wenn Venedig die Brücke nicht hätte, wäre Europa eine Insel.« Allein für diese Zeile ist Mario Stefani die Unsterblichkeit sicher. Der Sterblichkeit begegnete er am 4. März 2001. Nachdem eine Studentin, die mit ihm ein Gespräch über ihre Magisterarbeit verabredet hatte, den Dichter nicht erreichen konnte, fand ihn die Polizei am Abend in seinem Haus in der Nähe der Kirche San Giacomo dell'Orio. Mario Stefani hing an einer Stehleiter in der Küche. An seinem Hals hatte er mit einer Schnur einen Brief befestigt, der die Motive seiner ultimativen Tat erklärte. Stefani war lange schon lebensmüde gewesen, der Tod seines geliebten Vaters hatte ihn vollkommen vereinsamt in seiner Heimatstadt zurückgelassen. Auf dem Tisch fand sich, sorgfältig verpackt, das Geburtstagsgeschenk für eine Freundin.

Aufmerksame Leser von Stefanis Gedichten dürften mit etwas Ähnlichem gerechnet haben. Wer seine beiden letzten Sammlungen mit »Eine unruhige Einsamkeit« und »Eine stille Verzweiflung« betitelt, wer über Jahrzehnte von seiner verzweifelten Isolation und der vergeblichen Suche nach Liebe schreibt, der will wohl nicht als unverwüstliche Frohnatur in die Literaturgeschichte eingehen. »Das unerträgliche Gewicht des Lebens/sprach ich selbst zu mir selbst/zwischen den schrägen Mauern meiner Stadt/zwischen den spärlichen Laternen im Nebel/und dem angsterfüllten Schrei der Möwen«. Das gehört zur klassischen Untergangspoesie, zu den zahlreichen wie gemeißelten Elegien, zu denen Venedig schon viele Dichter inspiriert hat.

Vom Umschlag seines letzten Werkes blickt Stefani seine Leser mit dem Ansatz eines melancholischen Lächelns an: ein massiger Mann mit Fliege, Hamsterbacken und ungemein gesättigtem Blick. Nachdem er früher ein paar Jahre lang in Venedig Literatur unterrichtet hatte, zog er sich zurück, tauchte höchstens noch in den einfachen Bars, den »Bacheri« von San Polo auf, wo er eine Quelle für seine beiden Leidenschaften fand: Wein und gutes Essen einerseits, schöne junge Männer andererseits. Von den beiden Leidenschaften wurde dauerhaft nur die erste erwidert, was Stefanis Gedichte immer sehnsüchtiger und hoffnungsloser werden ließ.

»Mein Venedig, wir sind nur noch wenige, um einander in die Augen zu schauen«, beschrieb der Dichter im heimischen Dialekt, in dem schon Goldoni die abgrundtiefe Galligkeit der Lagunenbewohner umrissen hatte, die verblassende Welt seiner Stammkneipen, wo die Katzen die Leckereien von der Theke naschten und immer ein großes Durcheinander herrschte. Aber haben nicht alle alternden Dichter die Übermacht ihrer Erinnerungen als Untergang eines Universums beschrieben? Und geht nicht die ganze Welt – nicht nur Venedig – jeden Tag ein kleines Stück unter? »Niemand wird mich bei der Ankunft erwarten, nur die Umarmung des Todes«, dichtete Stefani zuletzt. Und: »Ich leide an meinem dauerhaften Exil/auf dieser Erde«.

Wer diese Zeilen kannte, der wußte, daß es nicht mehr lange dauern konnte.

Venedig ist, wie jede von der Historie überholte Stadt, den Tod gewohnt als eine Alltäglichkeit, über die sich nur diejenigen den Kopf zerbrechen, die ihn noch vor sich haben. »Es gibt hier keine Selbstmorde,« schwärmte 1952 der französische Dichter Jean Giono, »wer mit dieser Absicht hierher käme, müßte es gleich am ersten Abend tun; am nächsten Tag wäre es schon zu spät.« Das ist schön gesagt, aber der arbeitslose Lehrer, der sich im vergangenen Sommer aus dem Fenster des Palazzo Priuli, auf der anderen Seite unseres Kanals, kopfüber auf die Ponte del Diavolo stürzte, wußte es besser. Lange blieb die Gasse gesperrt, und wir sahen die nackten Füße des Mannes, der es in einem der schönsten gotischen Paläste der Stadt nicht mehr ausgehalten hatte, unter einer Decke hervorragen. Auch Mario Stefani hätte über Gionos Vision von Venedig als Stadt der diesseitigen Freude nur traurig wissend gelächelt.

Die Stadt nahm vom Suizid des Dichters anfangs mit snobistischer Gelassenheit Notiz; Venedig hat schon zu viele Dichter kommen und wieder gehen sehen. Aufsehen machte Stefani erst, als nach und nach immer neue Testamente auftauchten und es monatelang unklar blieb, wer die diversen Häuser des Dichters – er kam aus wohlhabender Familie – denn nun erben würde. Geschichten über Immobilien kommen in einer Stadt von Händlern besser an als wehe Verse über die Vergänglichkeit. Am Ende fand sich bei einem Notar das Original eines vierten Testaments, das Stefani erst fotokopiert und dann zwischen einigen Manuskripten versteckt hatte. Er erklärte darin ein kleines Mädchen, die Tochter von wenig vermögenden Freunden, zur Alleinerbin. Ihr wurde wohl auch das Gedicht »Für Anna« gewidmet, in dem Stefani ganz ungewohnt die Hoffnung preist, die aus leuchtenden Kinderaugen scheint, und das »Lächeln des Lebens« besingt, das ihre ersten unsicheren Schritte begleitet.

Hier hatte also einer mit viel Überlegung den Staffelstab weitergereicht. Die Venezianer dankten es Stefani mit seinem schönsten Gedicht: »Einsamkeit bedeutet nicht/allein zu sein/sondern die anderen umsonst/zu lieben«. In ungelenken Buchstaben hingesprayt, war diese Erfahrungsweisheit lange an einem Bauzaun direkt hinter der Rialtobrücke zu lesen, Bewunderer des Dichters hatten daneben eine rote Rose angenagelt, die immer wieder erneuert wurde. Vor kurzem wurde der Bauzaun abgerissen und gab den Blick frei auf ein Maskengeschäft.

Der Aufstieg

An einem schönen Sonntag im Frühjahr des Jahres 2001 gab es Grund zum Feiern: Die Mannschaft von Venedig war in die Serie A, die höchste Fußballklasse Italiens, aufgestiegen und durfte nun wieder in der Lagune solch renommierte Teams wie Juventus Turin, AC Mailand oder Lazio Rom empfangen. Das Abschlußspiel gegen Empoli am Wochenende davor war nur noch ein Fall für die Statistik. Um so mehr hatten die Fans Gelegenheit, sich minutiös auf die große Party vorzubereiten, sich in den Vereinsfarben zu kleiden, euphorische Transparente zu malen und neue Gesänge einzuüben. Aber das ist das Merkwürdige am Fußball: Eine Siegesfeier ist immer viel vorhersehbarer und uninspirierter als ein spannendes Spiel, selbst wenn der eigene Verein verliert.

Und so gab es ein lustloses Unentschieden im Penzo-Stadion, das ganz am Ende der Altstadt auf der Insel Sant'

Elena liegt. Die Behelfstribünen aus dünnem Rohrgestänge sind umgeben vom kantigen Turm eines mittelalterlichen Olivetanerklosters und von den Masten der Segelyachten, die hier in einem Freizeithafen dümpeln. Der Seewind pfeift oft fürchterlich durch die Tribünen, während die Spieler förmlich die Wellen gegen den Rasen anbranden hören. Venedig ist nicht für den Fußball gebaut, und das Stadio Penzo ist kein idealer Ort fürs Kicken. Andererseits wird die zugige Arena den Venezianern schon manchen unerwarteten Punkt gebracht haben, weil die Gegner und die Tifosi vom Festland bei der obligatorischen Bootsfahrt seekrank wurden und sich in einem Wasserballstadion wähnten.

Die Fans von Venezia hingegen, die zu den Spielen teilweise im eigenen Boot anreisen, fühlen sich mit Meerblick prächtig und machen dem musikalischen Ruf der Gondolieri und Matrosen alle Ehre. Manchmal singen sie halbstundenlang, wenn sie besonders vergnügt sind sogar den Radetzkymarsch der einstigen österreichischen Besatzer – die Rohrtribünen schaukeln dann bedenklich im angeschlagenen Takt. Leider gab es in der wechselvollen Geschichte dieses Vereins selten Anlaß zum Mitsingen, und auch im besagten Jahr rettete sich die teure Mannschaft nur lustlos und mit knapper Not auf den vierten Aufstiegsplatz, selbst die Siege wurden ohne rechte Leidenschaft herausgeholt.

»Die Spieler kennen keinen Einsatz mehr, weil sie zu gut bezahlt werden«, sagte der alte Mann auf meinem Nebenplatz mit einer wegwerfenden Handbewegung, »aber so ist der Fußball heutzutage eben geworden.« Das sagen alle alten Männer in allen Fußballstadien der Welt. Aber als der Schlußpfiff kam, da jubelte und klatschte der alte Mann neben mir trotzdem wie wild – ein typischer Venezianer eben: Sie sind furchtbar kritisch, aber sie halten es einzig für angemessen, in der ersten Liga zu spielen.

Für Heldenfeiern bietet keine andere Stadt Italiens eine

bessere Kulisse als Venedig, nicht einmal Rom mit seinen Triumphbögen und seinem Kolosseum. Was die Grandezza angeht, stünde es Venezia gut an – der Verein wurde 1907 gegründet – endlich einmal wieder die Meisterschaft zu holen. Das letzte Mal geschah das 1941, doch von den Heroen jener Jahre redet man lieber nicht so gern. Aber auch der Erfolg von 2001, und wenn es nur das Ende der Zweitklassigkeit war, wurde stilvoller begangen als anderswo. Spieler und Trainer stiegen auf den »Bissone«, ein imponierendes Langboot mit sechzehn wettergegerbten Gondolieri. Als Galionsfiguren dienten vier Fanfarenbläser, die in roten Renaissancestrumpfhosen den Triumphmarsch aus der »Aida« intonierten, während die Kicker vor dem Dogenpalast stolz an Land stapften, als hätten sie gerade – wie alte venezianische Seehelden – Byzanz, Zypern oder wenigstens halb Istrien erobert.

Vor der Kulisse des Markusdomes wird sogar eine Fußballfeier mit dem obligatorischen Hochlebenlassen und den eintönigen Melodien, die nach viel Alkohol auch der letzte noch zu singen imstande ist, zum ästhetischen Vergnügen. Es waren immerhin ein paar tausend Tifosi gekommen und schwenkten neben den orange-schwarzgrünen Vereinsfarben das Löwenbanner der Republik. Nun sah man hüpfend und lachend Gestalten aus den Hafenvierteln von Mestre und den Sozialwohnungen vom Altstadtrand, die man sonst nicht auf dem Markusplatz findet: Zahnlose mit Bierdosen, Krüppel im Trainingsanzug und Jugendliche, die sich ins abgeschnittene Tornetz gewickelt hatten und dazu die Eckfahne vom Aufstiegsspiel schwenkten. Ein Herr im feinen Anzug hatte sich sogar den Schnurrbart zu einer haarigen Trikolore eingefärbt; vielleicht hatte er eine Wette verloren. Selbst am Musikantenpult vom edlen Café Lavena hängte ein Kellner den Vereinswimpel auf. Eine Gruppe von Japanern schlängelte sich mit ängstlichen Blicken durch das unerwartete Getümmel. Ein paar Minuten später posierten sie für das obligatorische Gruppenfoto vor San Marco bereits mit einer riesigen Fußballfahne. Die Japaner sind ein anpassungsfähiges Volk.

Nur einer war zur Sause nicht erschienen: Maurizio Zamparini, der notorisch reiche und notorisch mißlaunige Vereinspräsident, der den bankrotten Club in der Amateurklasse gekauft und mit sehr viel Geld fast bis an die Spitze gehievt hat. Als Besitzer einer Kette von Billiggroßmärkten wohnt er in Mailand und kam so gut wie nie – und wenn, dann nur ganz kurz – zu seinem Verein. Bei den Fans war dieser Wohltäter, ohne den Venedig sich wohl ganz auf den Rudersport hätte konzentrieren müssen, dennoch nicht sonderlich beliebt, ein Fremder eben, von dem nicht sicher ist, ob er den Fußball oder nur den Standort liebt.

Zum Abschluß der Kundgebung griffen die Bläser wieder zur Fanfare, und es erklang die feierliche Markushymne. Ein heiserer Veteran grölte »Viva Venezia, viva San Marco!« ins Mikrofon, bis auch ihm mittendrin die Stimme versagte. In der Menge, die sich schnell verlief, trugen viele ein beschriftetes Hemd, dessen in venezianischem Dialekt verfaßter Slogan die Schmach der vorletzten Saison, als Venezia Letzter geworden war, endgültig auswischte: »Semo tornai« – wir sind wieder da! Denn nur wenn man einmal abgestiegen ist, kann man einen Aufstieg richtig feiern.

Ein Regentag

In Venedig, finden jedenfalls die echten Venezianer, ist immer gutes Wetter. Vor allem wenn es regnet. An solchen Tagen, wie sie das Voralpenland Norditaliens nicht gar so wenige hat, schüttet der Himmel mit einer Macht sein Wasser über der Stadt aus, als wolle er das Aqua alta der See noch übertreffen. Wenn dann die Pfützen in den Gassen stehen und Sturzbäche von den alten Dächern fließen, macht sich eine merkwürdige Vergnügtheit breit, weil das routinierte Herumführen und Abfüttern der Touristen, das Liefern und Abtransportieren der Spediteure sowie das Baugewerbe auf ganz natürliche Weise zum Stillstand gekommen sind. Venedig hat – wegen seiner engen Gassen, in denen der Wasserdampf zu stehen scheint, und des Monsunregens, dessen prasselndes Wasser die Kanäle durchkämmt – plötzlich etwas von einem tropischen Souk.

Auch die Gondolieri haben nichts gegen einen zünftigen

Regentag dann und wann. Sie schnüren ihre Boote so gut es geht mit Plastikfolie zu und verziehen sich, wenn sie überhaupt die Anfahrt gemacht haben, in die nächste Bar. Es gibt schließlich so viel zu fachsimpeln: Bekommen wir wieder einmal Hochwasser? Wie lange hat es schon nicht geregnet? Und wer hat bei der letzten Regatta gewonnen? Während draußen eine Touristengruppe nach der anderen wie scheues Wild bei Gewitter sich die Häuserwände entlangdrückt und trotzdem auf die Dauer gründlich gebadet wird, sitzen die Venezianer im Trocknen und atmen tief durch.

Ohnehin erfreut sich der Regen seit Jahrhunderten in der Stadt großer Sympathie. Das mag noch von den uralten Zeiten der Wasserknappheit, also von vor der Kanalisation herrühren, da tüchtige Schauer die Zisternen füllten und den Unrat aus den Kanälen spülten. »Das verbessert die Luft«, stoßen vor allem in der warmen Jahreszeit viele alte Venezianer einen Seufzer der Erleichterung aus, sobald die ersten Tropfen fallen. Dabei hat es seit fünfzig Jahren keinen Fall von Malaria mehr gegeben, und das Wasser der Kanäle wird auch immer sauberer. Aber unsere Wahrnehmungen werden nicht von der Gegenwart bestimmt, sondern von der Erfahrung von Jahrhunderten. Regenwasser reinigt die Salzwasserstadt.

Am schönsten ist es an solchen Tagen, da es gar nicht aufhören will zu schütten, naturgemäß in einer echten venezianischen Bar. In unserer Lieblingslokalität, der »Acciughetta«, dampft dann die Luft und bringt einen selbst an kühlen Tagen sofort zum Schwitzen. Sogar die Pizza ist beim Regen nicht mehr so kross, weil die Feuchtigkeit die Kruste aufweicht. Dafür finden sich nach und nach alle Meinungsführer des Viertels – der Kioskbesitzer, der Polizist, der Friseur – an der Theke ein, greifen zu Häppchen, ordern ihren Lieblingswein und haben endlich Zeit, die Fußballergebnisse vom Wochenende oder die triste Weltlage zu kommentieren. Kunden kommen heute sowieso nur wenige, also gibt es kein Geschäft zu verpassen.

Abgestellte Regenschirme schicken Rinnsale über den Terrazzoboden, während auf der Theke der Wein dem Regen Konkurrenz macht: Er fließt seit dem Vormittag aus allen Rohren – gegen die drohende Erkältung natürlich. Selbst der Patron, der unter Regenhäuten durchnäßte Touristengruppen in die Hinterzimmer zu lotsen versucht, findet zwischendurch Zeit für einen Kommentar zu dem neuen friulanischen Cabernet, den er gerade geordert hat. Denn eine große Passion der Venezianer ist das Begutachten von heimischen Weinen. Da hat jeder einen Geheimtip oder eine besondere Vorliebe auf Lager oder kennt den Schleichweg zu einem kleinen Weinbauern in den Bergen von Cormons, der noch nach den Methoden der Vorväter keltert.

Für die Touristen ist solch ein Tag natürlich eine Katastrophe. Monatelang hatte man sich auf den Ausflug gefreut – und dann das: der Stadtplan pappig, die Kinder quengelig, die Socken zum Auswringen und das Portemonnaie leer, weil jeder Kaffee, jeder Sprudel Unsummen kostet und die Gattin bereits zum dritten Mal in einem teuren Schuhgeschäft Unterschlupf gesucht hat. Während ganz Abgehärtete tatsächlich unterm Regenschirm die gebuchte Gruppengondeltour einmal um den Block abzusitzen versuchen und dabei die Kameralinse nicht trocken kriegen, verkrümeln sich die Vernünftigen nach dem Vorbild der Einheimischen lieber dauerhaft in Bars und Cafés und blicken müde und nach dem dritten Gläschen gar nicht mehr unzufrieden durch die beschlagenen Scheiben. Nichts ist gemütlicher als stundenlang dem trägen Alltag der Stadt zuschauen zu können und nichts mehr besichtigen zu müssen, weil es selbst für kurze Wege viel zu naß ist.

Ich habe mir für die Regentage einen österreichischen Wetterfleck aus Loden und einen britischen Wachshut mit breiter Krempe zugelegt, was mir den lästigen Regenschirm erspart, den ich sowieso jedesmal irgendwo stehenlasse. Die spitzen Schirme, die bei Regen aus jedem Hauseingang ragen, stellen in der Enge eine echte Gefahr für das Augenlicht dar. Viele Venezianer haben sich in den engen Gassen darum eine Technik beigebracht, nicht mit den Schirmen zusammenzustoßen: Sie kippen die Dinger einfach seitwärts zu den Wänden und schlängeln sich elegant aneinander vorbei. Aber wehe, man stößt auf Fremde, die diese Technik nicht beherrschen. Dann verhakelt sich alles und man steht nicht nur im Regen, sondern auch noch unter einer Dachrinnendusche im Stau.

Das nächtliche Venedig unterm Regen ist fast schon unheimlich still. Dann sitzen alle zuhause und scheuen jeden Weg, weil kein trockenes Auto vor der Tür steht. Kein Motorboot knattert mehr durch die Kanäle, über die nur hin und wieder eine Böe rauscht. Einzig den Lachmöwen macht die Nässe nichts aus, und sie baden und plustern sich mit unheimlichen Schreien im schwarzen Wasser. Venedig gehört ihnen. Am andern Morgen ist der Regen meist wieder vorbei, und – wir sind schließlich in Italien – die Sonne scheint, als wäre nichts gewesen. Dann ist Venedig wieder eine andere, eine altbekannte Stadt.

Die Gondolieri

Jeden Tag dieselben Männer vor der Tür, die unsere Abwesenheit, Einkäufe und Besuche registrieren und kommentieren wie die Blockwarte – man muß sich erst dran gewöhnen. Unsere Türhüter sind die Gondolieri, die an ihrem Standplatz sommers wie winters die vorbeiziehenden Touristen ansprechen: »Gondola, gondola«, das funktioniert gebetsmühlenhaft in allen Sprachen. Ihr Rufen, Streiten und Singen ist zur alltäglichen Tonspur unseres Lebens geworden. Selbst bei Nieselregen und Schnee und schon gar bei brütender Schwüle rudern sie immer denselben Bogen durch die Kanäle rund um die Griechenkirche San Giorgio.

Für Urlauber kostet die halbe Stunde Gondelfahrt um die siebzig Euro, je nach Saison kommt es etwas teurer oder billiger. Große Preisnachlässe und Feilschen sind nicht drin, da haben sich die gut dreihundert Gondolieri von

Venedig abgesprochen. Rabatte haben sie nicht nötig. Mit mehr als einem Dutzend Rundfahrten in der besten Saison und immerhin noch ein paar Touren an miesen Wintertagen kommen sie auf ein – in Italien – fabulöses Monatseinkommen von weit über fünftausend Euro, zuweilen sogar das Doppelte. Und das ohne Quittungen und steuerliche Überprüfbarkeit. Darum ist der Job begehrt wie kein zweiter. Die limitierten Standplätze und Lizenzen werden vererbt oder für hunderttausende Euro weiterverkauft; die strenge Gondelprüfung und die vorgeschriebene zweijährige Mitarbeit auf einem Traghetto, einem Fährdienst am Canal Grande, sind da noch das mindeste Übel. Gegenüber der Salute-Kirche arbeitet ein Mann, der vorher die Professur für Bildhauerei an der Kunstakademie innehatte, sich aber selbstverständlich für den Beruf des Gondoliere entschied, als ihn die Universität dazu zwang, zwischen einer der beiden Laufbahnen zu wählen.

Andererseits ist es nicht gerade ein Vergnügen, bei Wind und Regen Touristen anzusprechen und mit dem ewigen »Gondola«-Geleier ins Boot zu locken. Unsere Gondolieri von der Ponte dei Greci, die in einer Kooperative mit drei Standplätzen und fünf Teilhabern in Wechselschichten arbeiten, geben sich längst keine besondere Mühe mehr, der venezianischen Folklore von den rudernden Haudegen und Mädchenhelden zu entsprechen. Sie machen ihren Job, und abends wird geteilt, so einfach ist das.

Gianni, der Dicke mit dem schwarzen Bart, besitzt Haus, Auto und Familie auf dem Festland, kommt täglich mit der Bahn und kriegt kaum den Mund auf, selbst wenn Interessenten an ihm vorübertrotten. An heißen Sonnentagen dämmert er auf seinem kleinen Campingstuhl und schwitzt; die Hitze macht ihm sehr zu schaffen. »Ich esse einfach zu gern«, stöhnt er an solchen Tagen. Die paar müden Runden, die er mit seiner Gondel paddelt, kommen leider nicht mal als Ausgleichssport in Betracht.

Giannis Leidenschaft gehört – neben dem Essen – der

italienischen Oper. Bei den Premieren im provisorischen Zirkuszelt »Palafenice« sitzt er, eine Intellektuellenbrille auf der Nase, in einer vorderen Reihe gemeinsam mit anderen Melomanen und kommentiert kundig die Auftritte der Solisten. Dann, und nur dann, sieht Gianni, der Melancholiker, wirklich glücklich aus. Daheim pflegt er seine Sammlung von tausenden Schallplatten und Opernvideos; bis tief in die Nacht schaut und hört er sich die neuesten Aufzeichnungen aus der Scala und der Met an, und fast nie ist er zufrieden, wie sich das für einen wirklichen Kenner gehört. Wahrscheinlich wehen ihm auch die Melodien aus seiner geliebten »Traviata« oder aus Verdis »Macbeth«, den er auswendig kennt, durch den Kopf, wenn er an seinem Gondelsteg hockt und auf Kundschaft wartet.

Mariano, einer seiner Kompagnons, ist das genaue Gegenteil. Ein durchtrainierter Schönling, graumeliert und extrovertiert, hat er zwar mit der Oper nichts im Sinn, aber dafür singt er von früh bis spät. Ob »Yesterday«, leicht obszöne Abzählreime oder alte venezianische Volksweisen – Mariano trällert alles herunter, spielt dazu die Luftgitarre und lacht sich über sich selbst mit dröhnender Durchdringlichkeit kaputt. Mit allen Nachbarn kommt er ins Gespräch, macht Witze, tanzt über die Brücke und hüpft beim Einsteigen fesch über den Rand seiner Gondel. Schöne oder weniger schöne Frauen lacht er mit viel Charme an und bekommt dafür dann und wann eine Fahrt, wenn er auch nicht mehr der Jüngste ist. Er schwärmt immer noch von der Amerikanerin, die er vor zwei Jahren bei einer Gondeltour kennenlernte und die angeblich so erfreulich viel williger war als die meisten Italienerinnen. Vor allem auf seine Frau ist Mariano in dieser Hinsicht gar nicht gut zu sprechen, darum lebt er nach langem Hickhack jetzt getrennt von ihr und den zwei Kindern und haust in einer Bude am Campo San Bórtolo, unweit vom Arbeitsplatz.

»Da kann ich endlich in Ruhe meine Yoga-Übungen und meine Waschungen vornehmen«, hat er uns dieser

Tage erklärt. Denn Mariano mit seinem Ringelhemd und Strohhut ist überzeugter Buddhist und pilgert sogar zweimal die Woche zu einem Guru auf die Laguneninsel Sant' Erasmo, wo er detaillierte Anweisungen bekommt, wie er spirituelle Befreiung und innere Ruhe erringen kann. Geholfen hat das offenbar noch nicht allzuviel. An Tagen, an denen Mariano gemeinsam mit Marco, einem unbedarften Muranesen, der mit dem eigenen Boot zur Arbeit kommt, Dienst schiebt, sind die beiden wie Katz und Maus. »Dir ist doch das Gehirn in der Sonne weggeschmolzen«, höhnt Marco immer wieder, »seitdem trägst du es zwischen den Beinen.«

Mariano beklagt sich bei uns bitter über seine Kollegen, die kein Verständnis haben für seine unvenezianische Heiterkeit und seine Suche nach dem Karma. Umgekehrt ist auch Marco die erzwungene Geselligkeit mit dem Kasper Mariano, wie er ihn nennt, gründlich leid. »Gestern«, erzählt er, »sah ich ihn mit einer amerikanischen Familie bei einer Tour, und er sang ›Rock around the clock‹ und wakkelte beim Gondeln mit dem Hintern wie ein dummer Junge. Da schämt man sich doch für den gesamten Berufsstand!« An solchen Tagen muß Gianni, der Dicke, immer mal wieder schlichten, obgleich er eigentlich vom Feierabend träumt. Dann darf er sich endlich wieder der Callas widmen. Es ist weiß Gott ein lukrativer, aber beileibe kein leichter Beruf, Gondoliere zu sein.

Zu Tisch

Wer in Venedig gut essen will, so besagt ein geflügeltes Wort, der fährt mit dem Boot zum Parkplatz, nimmt das Auto, braust aufs Land und sucht sich dort eine ehrliche Trattoria. Eigentlich scheint diese kulinarische Stadtflucht widersinnig, denn auf keine andere Kleinstadt des Planeten kommen derart viele Restaurants aller Qualitäts- und Preisklassen. Viele Anwohner leiden gar unter dem Überangebot an neonbeleuchteten Pizzerien und Imbissen, die dicht an dicht liegen und längst das Gemüsegeschäft und den Pastaladen für den persönlichen Einkauf verdrängt haben. Doch haben in der Tat die meisten Lokale Venedigs wenig mit dem Ruf der italienischen Küche gemein. Sie sind Abfütterungsstationen für die zwölf Millionen jährlichen Touristen, die schließlich auch einmal sitzen und sich verkösten lassen wollen. Venezianer bleiben hier lieber draußen, denn Köche, die nur für Laufkundschaft arbeiten, die sie niemals wiedersehen, geben sich erfahrungsgemäß keine sonderliche Mühe.

Daher kommt es, daß sogar eine stinknormale Pizza oder eine lausige Lasagne in Venedig in der Regel zehn, fünfzehn Euro kosten, während man das gleiche Gericht in viel besserer Qualität auf dem Festland für die Hälfte bekommt. Bei der Spitzenküche ist die Lage ähnlich verheerend. In der Handvoll wirklich guter Lokale, mal abgesehen von den routiniert kontinentalen Restaurants in den Luxushotels, kostet ein unaufregendes Menü schwindelerregende Summen, für die man sich im paradiesischen Belgien oder sogar in Deutschland von einem Sternekoch stundenlang verwöhnen lassen könnte. In »Harry's Bar«, dem legendären amerikanischen Lokal, zahlte ich einmal für einen kalten Teller Parmaschinken um die sechzig Euro – das ist wahrscheinlich Weltrekord. Aber auch andere, sogenannte Traditionslokale haben sich angewöhnt, ihre Kundschaft abzuzocken und von der Aschenbecherbenutzung bis zum Zuschlag von zwanzig Prozent für die Bedienung alles teuer zu berechnen, dafür aber schlechtes Essen zu servieren.

Nun mag es bei Urlaubern noch angehen, den Besuch in Venedig mit einem Diner zu krönen, das am Ende für zwei Personen stolze zwei- bis dreihundert Euro kostet; das sind die Preise, die man für einen Abend im unterkühlten »Da Fiore« oder im stilvollen »Covo« zu zahlen hat, wo, zugegeben, die Küche wirklich originell und der Service tadellos ist. Doch für normal verdienende Anwohner kommen solche Exzesse nicht in Frage. Es sei denn, man hat sich irgendwo die Gunst des Chefs erarbeitet, spricht venezianischen Dialekt oder zählt zum weiteren Bekanntenkreis, vielleicht gar zur Nachbarschaft. Dann berechnet der Kellner stillschweigend Sonderpreise, die selten mehr als siebzig Euro für ein vollständiges Menü betragen.

Ein renommierter italienischer Restaurantführer hat einmal für einen kurzfristigen Skandal gesorgt, als ein

Speisekritiker beschrieb, wie in einem venezianischen Lokal ein Kellner seinen tafelnden Kumpanen zurief: »Bestellt nur das Teuerste, ich schreibe es einfach den Japanern dort auf die Rechnung.« Das sind beschämende Zustände, unter denen nicht zuletzt die redlichen Köche, die es natürlich auch gibt, leiden. Aber selbst ein solcher ehrlicher Küchenmeister wird sich letztendlich fragen, warum er täglich kreative Gerichte und frischen Fisch präsentiert, wenn fast alle Kunden ahnungslose Durchreisende sind, die bei der Konkurrenz für schlechte Ware ohne Murren höhere Preise bezahlen würden. Da zeigt sich dann, daß Essen in Venedig keineswegs nach den Gesetzen der Marktwirtschaft mit Preisvergleich, Kundenpflege und Konkurrenz abläuft. Das Verhältnis vom Patron zum Kunden gleicht hier eher einem Räuber-Beute-Verhältnis.

Hinzu kommt, daß die Pacht selbst für kleine Osterien ungeheuer hoch ist, weil im überfüllten Venedig mit ein paar Jahren Schufterei ein Vermögen zu verdienen ist. Fünfhunderttausend Euro für eine der begehrten Lizenzen, die von der Stadt so gut wie nie für neue Läden genehmigt werden, sind keine Seltenheit. Da muß der Koch dann verzweifelt gegen die Schuldenlast anbrutzeln. Das Haifischbecken des venezianischen Restaurantwesens kann man zumindest mit einem Blick in einen alten Gourmetführer erahnen. Unter den zufriedenen Patrons an Herd und Tresen, die dem Betrachter auf den Fotos entgegenstrahlen, finden sich immer wieder dieselben Veteranen, die freilich in wenigen Jahren ihre Läden mehrmals verkauft und gewechselt haben. Man kocht sich hoch, feilscht mit Lizenzen und kennt kaum Kontinuität. Und rare Restaurants, die wirklich ein gutes Verhältnis von Preis und Küche bieten, sind oft schon nach Monaten wieder ruiniert, sobald sie in ausländischen Reisebüchern erwähnt und mit der nun vermeintlich sicheren Kundschaft an weniger sorgsame Pächter weiterveräußert wurden.

Nun war Venedig in seiner prunkvollen Geschichte

niemals eine kulinarische Metropole. Das liegt zuallererst an der Lage, die Anlieferung von Frischfleisch und Milchprodukten sowie Gemüseanbau großen Stils schwer, wenn nicht unmöglich machte. Dazu kam, daß Venedigs spärliches Zisternenwasser oft brackig und abgestanden war. Vor allem aber war in der Kaufmannsrepublik der kulinarische Genuß sowieso verpönt. Zu Dogen wurden traditionell hagere Greise gewählt, deren asketischer Lebensweise ein fabelhafter Reichtum nichts anhaben konnte. »Nüchternheit macht die Sinne rein, den Körper leicht, den Verstand klar«, faßte im sechzehnten Jahrhundert der venezianische Patrizier Alvise Cornaro diese Ideologie des Verzichts zusammen.

In Vittorio Gottardos »Geschichtsbuch der venezianischen Osterien« geht es deshalb mehr um die polizeiliche Überwachung der Kunden, um Spielverbote, die vorgeschriebene Ballung der beäugten Ausländer, etwa der Deutschen, in separaten Lokalen sowie um den beachtlichen Weinausschank – aber nicht um Rezepte. Dabei hat Venedig eine durchaus originelle Fischküche hervorgebracht, basierend auf den Meerestieren der Lagune. Dazu gehören gedünsteter Aal, weiße Krakeneier (»Latte di Seppia«), Krabben mit Polenta, lebendig frittierte Strandläuferkrebse (»Moechè«) oder – als Krönung – in der eigenen Tinte sämig gekochte Tintenfische, die famosen »Seppie nere« – seit Jahrzehnten mein Leibgericht, aber wie das andere Meeresgetier nicht jedermanns Sache.

Die beste Möglichkeit, sich durch solche Leckereien hindurchzuprobieren, ist der Zug von einer kleinen Osteria zur anderen, wo man dann die sogenannten »Cicheti«, die Häppchen, von der Theke nascht und das Ganze mit einem Gläschen venezianischen Cabernets oder friulanischen Pinots herunterspült. In solchen kneipenartigen Läden, von denen es in der Stadt Gott sei Dank immer noch zahlreiche gibt, stehen mittags oder am Feierabend die alten Herren beisammen und plauschen, ohne erst die Schiebermützen abzunehmen. Der besondere Vorzug der Stehimbisse, der sogenannten »Bàcari«, liegt darin, daß die Touristen nach einem Tag in den Gassen in der Regel viel zu fußlahm sind, um sich zu den Häppchen zu drängen.

Natürlich gibt es im Dschungel der venezianischen Restaurants immer noch eine paar Ausnahmen, wo – wie im gesegneten Festlandsitalien – wundervolle Pasta-, Fisch- und sogar Fleischgerichte zu mehr als fairen Preisen serviert werden. Solche Sehnsuchtsorte liegen jedoch meist auf entlegenen Inseln, die man selbst mit dem Linienboot kaum erreicht. Unsere venezianischen Freunde rücken den Namen ihrer jeweiligen Lieblingsosteria stets nur gegen ein Schweigegelübde heraus, weil sie um ihr letztes Refugium fürchten. Seit einem halben Jahr haben auch wir, etwas abseits der Trampelpfade, solch ein reelles Restaurant entdeckt, wo wundervoll gekocht wird. Doch ich werde den Teufel tun und den Namen verraten.

20

AFA

»Das wird heute wieder ein heißer Tag«, sagt der Zeitungsmann, der morgens um halb sieben den »Gazzettino« in die Briefkästen wirft. »Aber sicher«, antwortet Signora Pandiani, wie jeden Morgen schon früh im Haushalt beschäftigt, mit schnarrender Stimme aus dem Küchenfenster, »wir haben Afa – und wie.« Dieses einprägsame, lastende Wort, das viel mehr bedeutet als die deutsche Entsprechung »Schwüle«, wirkt auf Venezianer wie ein Fluch. Zwar herrschen im Sommer nirgendwo in Italien erfrischende Temperaturen – in der Toskana oder in Rom kann das Thermometer öfter bis an die vierzig Grad steigen und in Sizilien dorrt das Land unter einer erbarmungslosen Glutglocke, während in Venedig das Seeklima die Hitze meist um die dreißig Grad eindämmt –, aber die kühlende See sorgt auch für eine Zutat, die aus der venezianischen Afa ein durch und durch lebensfeindliches Klima macht: das Wasser.

Bei der extrem hohen Luftfeuchtigkeit über der Lagune fällt bei Afa schon am Morgen das Atmen schwer, die Atmosphäre lastet wie ein Gewicht auf dem ganzen Körper und die schwüle Hitze steht in den Gassen, als ließe sie sich in Scheiben schneiden. An solchen Tagen, wenn kein Lüftchen sich regt oder von der Adria her ein stetiger Schirokko mit der Wirkung eines Föns auf die Stadt einbläst, genügt zur vollkommenen Erschöpfung der morgendliche Gang zum Briefkasten. Naßgeschwitzt und mit dem Gefühl, eine Plastiktüte über den Kopf gezogen zu haben, wird die kalte Dusche, aus der man gerade erst gestiegen ist, schon wieder zur Verlockung. Aber auch die Dusche beschert einem nur dieselbe lästige Hülle aus klebriger Feuchtigkeit, der man durch sie zu entrinnen versuchte. Die Afa kennt kein Erbarmen.

Nirgendwo im mediterranen Süden ist die Sommerhitze angenehm, aber selbst in Nordafrika bringt wenigstens die Nacht dann die verdiente Erfrischung. Die Menschen haben sich diesem Rhythmus angepaßt, dösen mittags hinter dicken Mauern und kommen erst mit der mildernden Dämmerung auf die Straßen und machen die Nacht zum Tage. In Venedig kann sich die überfeuchte Luft nicht mehr abkühlen, um drei Uhr morgens ist das Dunstglockengefühl nicht minder drückend als um drei Uhr nachmittags. Spätestens am zweiten Tag ist jedermann mürbe. Aber die Afa kann, wenn sie sich einmal festsetzt, gut und gerne eine Woche lang dominieren. Wer es sich leisten kann, der verzieht sich an solchen Tagen an den Lido, wo unter den Sonnenschirmen wenigstens ein Hauch von frischem Wind zu erspüren ist und immerhin ein Bad in der Adria lockt.

Wer aber hinter einer Bartheke oder in einem Geschäft steht, wer ausgelaugte Touristen an Tischen im Freien bedienen muß oder sie gar durch die drückende Afa von einer Sehenswürdigkeit zur nächsten führt, der ist zu bemitleiden. Aber auch die Urlauber haben das schlimmstmögliche Wetter erwischt, übler als Hochwasser und Winterkälte, gegen die man sich mit der passenden Kleidung wappnen kann. Den Afa-Touristen droht nicht nur das Hirn einzuschmelzen, während sie interesselos die Schätze Venedigs anstarren und mit fühllosem Trott über das heiße Pflaster schlurfen. Darüber hinaus treffen sie durchweg auf Menschen, die alle Welt um den Urlaub beneiden und mit tiefster Verachtung, ja Haß kalte Getränke servieren, stickige Hotelzimmer aufräumen oder Nippes verkaufen. An solchen Tagen, da jedermann aus der Stadt fliehen möchte, aber genauso viele dort sind wie immer, wird man kein Lächeln und kein gutes Wort geschenkt bekommen.

Welche Auswege gibt es? Wer sich an Afa-Tagen dringend eine Klimaanlage wünscht, der sollte sich diese Sehnsucht bis in den Spätherbst bewahren, wenn die Fachgeschäfte wieder Geräte und Monteure zur Verfügung haben. Im Sommer ist es für Neulinge zu spät für eine »aria condizionata«. Wer ein rollbares Kastengerät besitzt, schiebt stolz den Kühlschlauch auf die Straße oder läßt den Kondensator mitleidlos durch die Nacht rattern. Diese Geräte machen nicht nur Krach, sie sondern auch noch Hitze ab. Wer vorgesorgt hat und schon im Winter ein festes Gerät installieren ließ, zückt nun die Fernbedienung und stellt sich mit glückseligem Lächeln in den kalten Luftstrom, der voller Erbarmen aus der Wand kommt. Es soll in Venedig Leute geben, die im Sommer freiwillig bis in die späten Abendstunden in ihrem klimatisierten Büro ausharren, um dem Hitzehammer der Afa zu entgehen.

Der sicherste Schutz gegen die Afa ist ein Urlaub in den Bergen. Das wissen Venezianer seit vielen Generationen. Es ist ein zwiespältiges Gefühl, irgendwo zwischen Bewunderung und Haß, wenn man eine schmuckbehängte Dame dabei beobachtet, wie sie sich Anfang Juli für acht Wochen von den Nachbarn und Händlern ihrer Straße verabschiedet, um in ihre Wohnung nach Cortina d'Ampezzo umzusiedeln. Auch der gute Altezza verläßt seine Stadt seit Jahren im Hochsommer für die schlimmste Hitzeperiode und kampiert in einem Bauernhaus irgendwo in den Dolomiten, wo ihn am Wochenende Kinder und Enkel besuchen. Der Mann mit dem Ehrennamen »Altezza«, der »Hoheit« bedeutet, kennt die Afa genau. Er war jahrzehntelang Obmann der Lastenträger-Gewerkschaft und hat sich seinen Titel durch seine Körpergröße, aber auch durch seine natürliche Autorität verdient. Nun ist er über Achtzig.

Im Juni nippt Altezza in der Bar an seinem Morgenkaffee und malt sich die Freuden des Sommers im Gebirge aus, wo er bei frischen Temperaturen auf der Bank vor dem Haus sitzen und in die dunstige Ebene hinunterblicken kann. »Diese Afa ist nichts für uns Alte, die bringt einen ja um«, sagt er dann und verabschiedet sich von den Freunden für das nächste Vierteljahr. Wenn sich dann die Afa über Venedig senkt, sieht man am Abend die Blitze der kühlenden Alpengewitter als Wetterleuchten, irgendwo weit im Hinterland bei Belluno oder Feltre – so nah und doch so fern. In Venedig fällt kein Tropfen, regt sich kein Lüftchen. Und am Morgen wird der Zeitungsmann wieder stöhnen unter der Last der Hitze.

DAS REDENTORE-FEST

Als sich im Frühjahr 2001 herausstellte, daß die traditionelle Schiffsbrücke zur Redentore-Kirche endgültig baufällig war und in diesem Jahr nicht mehr benutzt werden konnte, drohte ein Ritual von über vierhundert Jahren abzureißen: Die Venezianer sind es gewohnt, einmal im Jahr trockenen Fußes über die zweihundert Meter des Canale della Giudecca zu wallfahren und dem Erlöser für den Schutz ihrer Stadt zu danken. Den Kirchbau und das Jahresfest hatte der Doge Alvise Mocenigo gemeinsam mit dem Senat der Stadt gelobt, als 1576 nach anderthalb Jahren endlich eine fürchterliche Pestepidemie nachließ. Und so hatten es die Venezianer vieler folgender Generationen jedes dritte Wochenende im Juli getreulich gehalten. Ein Redentore-Fest ohne Brücke wäre kein Schönheitsfehler, sondern eine Katastrophe.

Seit Jahrzehnten hatte man eine praktische Lösung gefunden: Pioniersoldaten aus Piacenza verbanden ihr jährliches Manöver mit dem Brückenbau, obendrein auch noch ganz ohne Arbeitslohn. Nun, da die Brücke nicht mehr zugelassen war, hatten auch die Soldaten nichts mehr zu üben. Es oblag nun dem städtischen Assessor, Ingenieur Luigi Licciardo, innerhalb weniger Tage das Unmögliche zu schaffen. Italien gilt schließlich als Land der institutionalisierten Improvisation. Der Ingenieur bugsierte für ein Heidengeld sämtliche Pontonbrücken und Wasserkräne der Lagune herbei, damit es – wie seit eh und je – pünktlich am Samstag um sieben losgehen konnte.

Um kurz nach sieben stieg in vollem Ornat der Patriarch Marco Cè aus seinem Wassertaxi, Bürgermeister Costa legte sich feierlich die grünweißrote Schärpe um. Dann marschierten pünktlich um Viertel nach sieben die Würdenträger, begleitet von den hohen Militärs der Stadt und einer lustigen Blaskapelle, hinter drei Carabinieri und der Stadtfahne zur Redentore-Kirche herüber. Man hatte es doch noch geschafft. Die Brücke war offen. Gleich danach wurde sie erstmal wieder geschlossen – das ist in Italien eine auch bei Museen, Opernhäusern und Straßen beliebte Praxis, Zeitpläne einzuhalten: Man veranstaltet eine feierliche Übergabe bei angestrichener Fassade und erledigt die groben Arbeiten später. Auch die Schiffsbrücke, über die man breite Holzplanken und einen roten Plastikläufer gebreitet hatte, erwies sich als dem Seegang kaum gewachsen. Sicherheitsleute bastelten noch lange an den häßlichen Absperrgittern herum. Mit einer Stunde Verspätung konnte dann endlich auch fürs gewöhnliche Volk die Wallfahrt übers Wasser beginnen.

Es war klar, daß dieses improvisierte Werk vor der sarkastischen Kritik der Venezianer nicht würde bestehen können. »Wie sieht denn das aus – Baustellenboote aneinandergebunden?« »Was wollt ihr – es ist eben eine typisch italienische Brücke!« »Man sollte das Teil zusammen mit dem anderen Schrott auf der Biennale ausstellen!« »Gut, sie ist fertiggeworden, aber sie stinkt!« Und tatsächlich, weil zur Schließung der ultimativen Lücke ein Frachter benötigt wurde, der an Werktagen Klärgruben auspumpt, mußten sich viele bei ihrem frommen Gang die Nasen zuhalten. Da halfen auch die vereinsamten Gummibäume wenig, die die Stadtverwaltung alle zwanzig Meter aufgestellt hatte. Wie schön war doch die schmucke Holzbrücke der Militärs gewesen... Es zeigte sich, daß eine provisorische Brücke vor allem eines nicht darf: provisorisch wirken! Daß die Pontonbrücke jenes Jahres wegen Miete und Arbeitslohn auch noch erheblich teurer kam als gewöhnlich, machte die Peinlichkeit für die Stadt perfekt. Eine neue Holzbrücke, so beteuerte Bürgermeister Costa arg unter Druck, sei bereits im Bau.

Wie hatten es die Venezianer des Jahres 1577 direkt nach der Pest nur geschafft, in einer halb verödeten Stadt ein prächtiges Fest mit Übergang trockenen Fußes zu organisieren? Die damaligen Zeiten von Krankheit, Überschwemmung und Hungersnot spornten die Menschen offenbar zu größerer Opferbereitschaft an als die satte Ära des Tourismus. Zu Ehren des Erlösers von der Seuche wurden, so berichten Chronisten, sogar kostbare Teppiche über die Schiffsbrücke gelegt. Von Anfang an gehörte das Redentore-Fest zu den beliebtesten, so überliefert es die Dogentochter Giustina Renier-Michiel im Jahre 1829. Arm und Reich stellte sich Tische in die Gärten oder auf die Kais und aß und trank nach der Wallfahrt eine ganze laue Sommernacht lang. Mit dem Venedig-Tourismus kam im neunzehnten Jahrhundert der Brauch dazu, die Nacht in fröhlicher Runde auf geschmückten Booten zu verbringen. So ist es geblieben.

Es waren am Ende mehrere tausend Menschen, die in jener Samstagnacht im Becken von San Marco auf das große Feuerwerk, den neuzeitlichen Höhepunkt des Festes, warteten. Den ganzen Nachmittag über waren sie von allen Inseln, sogar vom Festland in die Stadt gezogen: eine als

Auto verkleidete Barke, prächtige Luxusboote mit vielen PS, gemietete Ausflugsboote mit Bar und Disko, aber auch traditionell geruderte Gondeln samt der eigenen Familie, kleinen Lampions und gefüllter Kühltasche. Vor allem für die Topi, die robusten Lastkähne, ist Redentore der große Tag. Gruppen von venezianischen Jugendlichen laden ein paar Hocker, einen Tapetentisch, ein paar Gallonen Wein und einen Ghettoblaster drauf, und die Party auf dem Wasser kann beginnen. Wenn schließlich Tausende von Booten ineinander verkeilt vor San Marco dümpeln, dann gibt es keinen Ausweg mehr. Den Damen, so wissen Redentore-Veteranen, bleibt nach Stunden nur übrig, sich unter dem Tisch zu erleichtern. Das gehört zur Folklore.

Beim großen Feuerwerk um Mitternacht beleuchteten vier Tonnen Knallkörper, abgeschossen von Pontons, in kalten Farben das Gewusel auf dem Wasser sowie die majestätische Kulisse der Bauten. Ob für die Touristen, die seit Stunden mit Decken und Bierdosen auf dem Boden der Piazzetta ausharrten, oder für die Alten, denen man vor ihrem Heim »Cà di Dio« an der Mole Tische und Stühle aufgestellt hatte – für jedermann wurde deutlich, wieso diese Stadt nach dem Fest verlangt, wieso Venedig immer schon eine Metropole vergänglicher Vergnügungen war: So wie die Feier sich vom Alltag abhebt, so liegt das Venedig der Redentore-Nacht jenseits der Wirklichkeit. Die neunzig Kubikmeter Müll des folgenden Morgens gehören jedoch ebenso wieder zum Diesseits wie die Rakete, die zum großen Finale falsch zündete, in die Festgesellschaft eines Bootes flog und sechs junge Leute verwundete. Aber ist das ein zu hoher Preis für ein Ritual, bei dem das Wohl Venedigs den jenseitigen Mächten anempfohlen wird?

Nach der Abschlußmesse am Sonntagabend in der Redentore-Kirche mit dem traditionellen Segen des Patriarchen ging kaum noch jemand über die stinkende Schiffsbrücke. Auf den Stufen ihrer Kirche, die immerhin Palladio entworfen hat, die aber trotzdem stets ein wenig kalt und leer wirkt, saßen ein paar Kapuzinermönche, fächelten sich Kühlung unter die Kutte und blickten herüber zu den Lichtern der Stadt, die zu erreichen sie bald wieder das Boot benötigen würden. Um Mitternacht sollten die Pontons wieder abgebaut werden, doch bereits um elf begannen Sicherheitskräfte wegen eines aufziehenden Gewitters, den Übergang zu sperren. Die Gummibäume waren schon alle umgefallen.

22

Die grüne Oase

Daß man sich hier in Venedig befindet, ist dem Ort auf den ersten Blick nicht anzusehen. Und auch bei genauerem Betrachten verraten die weiten Wiesen, die Gehölze und die begrünten Hügel nicht im geringsten, daß ein paar Meter weiter Boote durch die Lagune tuckern. Der Golfplatz am Lido ist nicht nur wegen seiner Nähe zur Stadt der Kirchen und Kanäle bei Sportsleuten Legende. Auch ohne die mythische Präsenz Venedigs gilt das Terrain an der äußersten Spitze der Lido-Insel, also schon halb in der Adria, als eines der schönsten in Europa.

Um in den Golfclub vorzudringen, muß man – und das ist dann für lange Zeit die letzte Erinnerung an Venedig – ein grüngiftiges Gewässer auf wackligen Holzplanken überqueren. Dann geht es durch eine schummrige Unterführung, und man steht auf dem Gelände einer alten Festung, mit deren Artillerie die Österreicher bis 1866 die Hafeneinfahrt bewachen wollten. Heute steht der halbrunde Geschützstand leer, in den alten Pferdeställen jedoch ist seit siebzig Jahren das »Club House« untergebracht. Der Blick von der Terrasse ist wahrhaft arkadisch, vor allem wenn man aus dem Steinmeer der Stadt kommt, in dem es kaum ein grünes Fleckchen für die Augen gibt. Fast kilometerweit schweift der Blick durch eine britische Parkanlage, spärlich, aber markant bepflanzt mit Meerpinien, Weiden, Pappeln und Maulbeerbäumen, zuweilen von Efeu umrankt, und mit allerhand Gebüsch zu einem schattig-erhabenen Gesamteindruck komponiert, der die Seele erfreut und den Atem selbst an heißen Tagen ruhiger werden läßt.

Hier sitzen bei einem Gläschen Prosecco oder einem Kaffee diejenigen Venezianer, die für gutes Geld von Venedig abschalten und doch im Herzen ihrer Stadt verbleiben möchten. Es ist wie in vielen Golfclubs mit Tradition: Das Durchschnittsalter ist auffallend hoch, man spricht über die Börse, über Immobilienpreise und die Ferienwohnung in den Dolomiten. Man kennt sich, man beäugt alle Eindringlinge mit mildem, doch kultiviertem Mißtrauen und dem Wissen, daß sie bald wieder verschwinden werden, während man selbst in aller Ruhe bleiben kann und bereits den Kindern und Enkeln, die gerade lustlos das Putten üben, ein Plätzchen auf der Mitgliederliste reserviert hat. Es ist schön auf der Terrasse des Golfclubs von Venedig mit seinen gerade einmal fünfhundert Mitgliedern – eine Zahl, die angesichts der Insellage und dem Mangel an geeigneten Zufahrtswegen nur schwer zu steigern ist.

Vor allem in der warmen Jahreszeit kommen Gäste und entrichten gerne ihre Green Fee von 45 Euro. Oft sind es Österreicher oder Deutsche, die mit Wagen und Ausrüstung übergesetzt haben, im ehrwürdigen Hotel »Des Bains« wohnen und jetzt den berühmten Platz bespielen, damit sie nach dem Urlaub daheim den anderen Golfspielern etwas zu erzählen haben. Oder es handelt sich um eine Busladung japanischer Manager, die eine organisierte Gondelfahrt mit dem Golfen außerhalb ihres beengten Heimatlandes verbinden möchten und hinterher laut lachend auf der Terrasse Champagner bestellen, was wiederum den Clubmitgliedern nicht so ganz geheuer ist.

Der Golfclub hat einen schönen Gründungsmythos, wie sich dies für das historische Ambiente gehört. Im Jahre 1926 soll der Autofabrikant Henry Ford mit seinen Golfschlägern im Luxushotel »Excelsior« am Lido abgestiegen und arg enttäuscht gewesen sein, als er erfahren mußte, daß er seinem geliebten Sport hier nicht nachgehen könne. Das wurmte den Hotelmanager, den Conte Giuseppe Volpi di Misurata, und sein Auge fiel auf die hundert Hektar leerstehendes Festungsgelände in den Dünen. Mit guten Kontakten zum Militär, wie sie damals gar nichts Anrüchiges hatten, ließ sich die Nutzung ändern. Ab 1928 gestalteten schottische Landschaftsarchitekten das sandige Gelände für einen Neun-Loch-Platz um. Bereits 1934 konnten sich Adolf Hitler und Benito Mussolini zu einem Mittagessen im Club House treffen.

Im Jahr 1951 kamen dann die zweiten neun Löcher hinzu, seither wird einmal im Jahr der Löwe von San Marco ausgespielt – ein Preis, vielleicht nicht ganz so bekannt wie die Statuette der Filmfestspiele, aber dafür mindestens so exklusiv. Ende der siebziger Jahre hat sogar der legendäre Arnold Palmer beim Turnier mitgespielt. Neuerdings haben die vom Leben verwöhnten Mitglieder des Golfclubs allerdings Sorgen. Eine Gruppe von Investoren aus Ancona hat die alte Ruine mit einem guten Stück Grund vom Staat erworben, um darin ein exklusives Hotel zu errichten. Die milde Pacht für das Gelände markant zu erhöhen, war eine der ersten Aktionen der neuen Besitzer. Wie sich überhaupt der Hotelbetrieb mit dem Vereinsleben vereinbaren ließe, weiß im Moment niemand. Andererseits steht die gepflegte Dünenlandschaft unter Naturschutz und darf – so hofft der derzeitige Vorsitzende, der Architekt Mario Croze – nicht verändert werden. Ein langwieriger Prozeß kündigt sich an, dessen Ausgang wie immer in Italien niemand vorherzusehen vermag.

Bis auf weiteres aber reicht der Platz immer noch direkt an den Strand der Adria heran und sorgt für eine paradiesische Sphäre zwischen Meer und Markusplatz, eine »Oase im Grünen«, wie die Selbstbeschreibung des Clubs das so treffend nennt. Es weht fast immer eine kühlende Brise, Fasane schreien, Schilfrohrsänger singen, Reiher flattern träge von einem Wasserloch zum nächsten. Ab und zu rumpelt ein Elektrowägelchen zu den Greens, oder es ertönt das scharfe Klicken eines gelungenen Abschlags, das jedem Golfspieler das Herz höher schlagen läßt. Besonders knifflig ist Loch neun, das man mit Par drei blind über die alten Bastionen hinweg spielen muß.

Signor Pavan kennt den Golfplatz wie kein zweiter. Er ist neben dem Gelände aufgewachsen, hat fast sein gesamtes Leben dort verbracht und ist quasi naturwüchsig Golflehrer geworden. Er arbeitet mit nahezu wissenschaftlichen Methoden, legt großen Wert auf die korrekte Griffhaltung und eine perfekte Körperhaltung beim Abschlag, wenn es auch Monate dauert, so weit zu kommen. Seine Uhr ist eine raffinierte Konstruktion in der Gürtelschnalle, denn am Arm würde das Zeiteisen bloß den Abschlag ruinieren. Man sieht Signor Pavan sein sportives Gewerbe nicht an, aber mit Unterarmen wie Parmaschinken treibt er den Ball locker über zweihundert Meter weit. Wenn vom Lidoflugplatz ein Viermotorer hinaus auf die Adria startet, dann erinnert sich Signor Pavan an den Krieg.

Im Krieg saßen die Deutschen auf dem Golfplatz und hatten hier Batterien aufgebaut. Die Alliierten bombardierten regelmäßig, und Signor Pavan mußte als Kind in tiefe Laufgräben flüchten, die die Anwohner ausgehoben hatten. Nach dem Krieg war der schöne Golfplatz voller Bombenkrater, von denen sich nur die wenigsten als Bunker zur Belebung des Spiels nutzen ließen. »Krieg ist eine schlimme Sache«, sagt Signor Pavan, während er mit kundiger Hand die Ausholbewegung seines Schülers korrigiert und danach seinen Blick über das herrliche Gelände schweifen läßt. Aus dem Munde eines Mannes, der sein Leben dem friedlichen Schießen mit Golfkugeln gewidmet hat, bekommt dieser Satz besonderes Gewicht.

Die Tücken des Bootsverkehrs

Gut möglich, daß es Gewässer gibt, auf denen das Motorbootfahren genußreich und simpel ist. Gut möglich, daß man auf dem Bodensee oder an einem windstillen Tag an der Côte d'Azur einfach nur den Motor anwirft und sorgenfrei lostuckert ins grenzenlose Blau. In Venedig ist das anders. Hier sind für das gesamte Lagunengebiet etwa 20 000 kleinere und größere Schiffe gemeldet. Keine andere Siedlung erreicht eine vergleichbare Bootsdichte. Schließlich hat, wer hier partout ein Gefährt vor der Tür haben will, keine Alternative.

Dennoch zählt ein Liegeplatz durchaus nicht zu den Standards. Bequem zugängliche Posten werden vom Vater auf den Sohn vererbt; für eine mickrige Lücke in unserem Rio dell'Osmarin verlangte der Inhaber jüngst immerhin zweitausend Euro, die Entsorgung eines schrottreifen Kahns nicht eingerechnet. Die städtischen Liegegebühren sind dagegen ein Klacks. Darum gibt, wer einmal in einem

Kanal ein Plätzchen gefunden hat, dieses in der Regel nicht freiwillig auf. Zumal an vielen, naturgemäß nicht gekennzeichneten Stellen selbst das kurzzeitige Andocken sowieso verboten ist, um die Durchfahrt für die Ambulanz oder den Wasserzugang zu Häusern zu gewährleisten.

Um so überraschender, daß in Italien, also auch in Venedig, jedermann ohne Kapitänspatent, ohne Führerschein oder auch nur ein Viertelstündchen Praxis ein Motorboot von immerhin fünfundzwanzig PS durch die engen Kanäle steuern darf. Das ist nicht wenig. Geborene Venezianer sind mit den Booten großgeworden, sie lenken selbst Lastkähne in die schmalsten Kanäle, telefonieren noch dabei, stecken sich mit der anderen Hand eine Zigarette an und bedienen die Ruderpinne zentimetergenau mit dem Hintern. Für Zugereiste ist gerade diese Virtuosität gefährlich, weil die Venezianer sie auch bei anderen voraussetzen. Dabei sind die Verkehrsregeln gar nicht so einfach. Für Boote herrscht, wie auf den Straßen, Rechtsverkehr, für Gondeln jedoch traditionell Linksverkehr. Kommt nun eine Gondel entgegen, wird dem Bootsführer empfohlen, auf die andere Seite zu wechseln, damit das Gondelruder, das sich stets auf der rechten Seite befindet, nicht gegen die Häuserwand stößt. Da diesen Brauch aber längst nicht alle Boote beherzigen, entscheidet sich der Fahrweg oft erst in der letzten Sekunde.

Draußen in der Lagune, die eben nicht, wie es scheint, aus Wasser, sondern zu neunzig Prozent aus Sumpf besteht, zeigen die sogenannten »Bricole«, in den Lagunenboden gerammte Pfähle, die befahrbaren Kanäle an. Meist stehen drei solcher Stämme im Dreieck: Wo der einzelne Pfahl steckt, verläuft der Kanal; wo die beiden Gegenpole stehen, beginnt der Sumpf – denn das ist dem trüben Wasser leider nicht anzusehen. Auch den Wasserstand verraten diese praktischen Pfosten, und zwar an ihrer Bemoosung: Ist viel Moos zu sehen, steht das Wasser tief, und man umfährt flache Stellen besser weiträumig.

Pro Jahr kommen einige Bootsfahrer in der Lagune um.

Viele Venezianer wissen von Verwandten oder Bekannten zu erzählen, deren Barken von größeren Motorbooten entzweigeschnitten und die dann von den Schiffsschrauben tödlich verletzt wurden. Es reicht aber auch, bei schönstem Wetter mit der Schraube auf eine unterseeische Schlammverschiebung zu stoßen. Dann schleudert man mit hohem Tempo kopfüber auf die betonharte Wasseroberfläche. Nicht zufällig wird der Zündschlüssel am Gürtel festgemacht, damit ein führerloses Boot nicht weiterrasen kann, wenn der Fahrer über Bord gegangen ist.

Manchmal verschwinden selbst geübteste Bootsfahrer auf der Lagune, denn hier wird ja nicht nur bei klarem Sommerwetter geschippert, sondern auch bei Sturm und Gewitter, bei Nacht, Nebel und Eisgang. Die Leichen zieht es dann bei Ebbe gewöhnlich hinaus in die Adria. Solche Strömungen sind im Auf und Ab der Tiden allgegenwärtig, sie können ein Boot bis zu zwei Meter pro Sekunde abtreiben; wer dann den Motor abwürgt oder zu früh die Leinen losmacht, ist an den gegenüberliegenden Kai oder ein anderes Boot geknallt, ehe er nur bis fünf zählen kann.

Venedig ist kein Planschbecken, sondern ein echter Seehafen. Das zeigen die riesigen Kreuzfahrtschiffe oder die Griechenlandfähren, die von Land aus einen so malerischen Eindruck machen und durch den Canale della Giudecca direkt vor dem Markusplatz entlangfahren. Mit einer winzigen Schaluppe urplötzlich auf einen derartigen Ozeanriesen zu stoßen, ist eine Erfahrung, die erst einmal verkraftet werden will. Merkwürdigerweise macht so ein Dampfer, der den Himmel verdunkelt, weit weniger Wellen als das kleinste frisierte Motorboot, mit dessen Tempo irgendein Ragazzo seiner Freundin imponieren möchte. Diese tückischen Bugwellen überschneiden und kreuzen sich durch den dichten Verkehr vollkommen unentwirrbar, und man sollte als Fahrer in der Lage sein, wenigstens die deutlichsten Brecher mit dem Bug seitlich anzuschneiden, sonst ist das Boot bald voller Wasser. Die wichtigste Verkehrsregel lautet darum: langsam fahren! Jeder venezianische Haushalt bekam erst kürzlich eine wasserfeste Lagunenkarte zugeschickt, die mit unterschiedlichen Farben die Tempolimits markiert. Fünf Stundenkilometer in den flachen Sümpfen um Torcello, sieben im Canal Grande und zwanzig in den großen Mündungsarmen zur Adria – das ist dann auch schon die Höchstgeschwindigkeit.

Ich erfuhr die Tücken des Bootsverkehrs am eigenen Leib bei einer meiner ersten Ausfahrten. Stilles Wasser, gute Sicht und ein breiter Kanal luden ein zu gemächlichem Tuckern irgendwo in der Nähe der Misericordia-Kirche. Doch die Kanäle der Innenstadt sind ein Labyrinth, das mit jedem Meter enger wird. Wer sie befährt, sollte sich auskennen und gut manövrieren können. Das schoß mir durch den Kopf, als aus heiterem Himmel eine Polizistin von der Gasse herüberschrie, dieser Kanal sei heute gesperrt, ich müsse sofort wenden.

So ein Boot hat keine Bremse, man bekommt es nur mit dem Rückwärtsgang einigermaßen zum Halten. Als ich das Boot querliegen hatte, würgte ich den Motor ab. Das ist in solch einer Situation so ziemlich das Schlimmste. Die Strömung trieb die Barke heftig gegen einen Liegeplatz, während ich vergeblich immer wieder an der Reißleine zog, um den Motor anzuwerfen. Nun schrie der Besitzer des Bootes, das ich gerade rammte, gleichfalls auf mich ein. Er hatte sein Schmuckstück zufällig gerade geputzt und stemmte sich mit einem Fuß wütend gegen mein treibendes Boot an. In diesem Moment ertönte von hinten die Sirene einer Ambulanz, die mit Blaulicht und vollem Tempo auf mein querliegendes Boot zurauschte.

Glücklicherweise war noch ein venezianischer Freund an Bord. Er stieß mich resolut vom Kapitänsposten und bugsierte uns irgendwie an der Katastrophe vorbei. »Du solltest Fahrstunden nehmen«, sagte er nachdenklich, als das Boot wieder friedlich über die besonnte Lagune glitt. Aber er wußte in ganz Venedig niemanden, der Fahrstunden gibt.

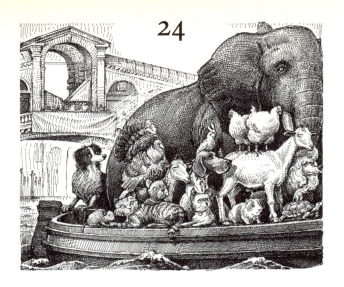

Einfach tierisch

Die Fauna Venedigs ist auf den ersten Blick ziemlich kümmerlich. Welches Säugetier, wenn nicht die Bisamratte, kann sich schon in den engen Gassen zwischen Palästen und Kanälen heimisch fühlen? Wer so denkt und sich auf die unbelebten Sehenswürdigkeiten stürzt, wird spätestens dann an die Anwesenheit von Vierbeinern erinnert, wenn er in einen Hundehaufen tritt. Obwohl die Besitzer eigentlich verpflichtet sind, den Dreck ihrer Tiere selber zu beseitigen, und obwohl die Stadtreinigung täglich fleißig wegfegt, was trotzdem liegenbleibt, sollte man beim Besichtigen den Blick immer mal senken. Es fehlt an Grünflächen.

Weil Venedig, wenn auch erst seit 1866, zu Italien gehört und die Italiener das geselligste und tierliebste Volk Europas sind, finden sich in der Stadt eben nicht nur Meerschweinchen und Schildkröten, sondern sämtliche gängigen Hunderassen. Welcher Venezianer würde sich von einer engen Zweizimmerwohnung mit winkligem Treppenhaus und einem undichten Dach davon abhalten lassen, sagen wir, eine Dänische Dogge oder einen Riesenschnauzer zu halten? In den schmalen Gassen muß das arme Tier dann eben seinen Auslauf finden, selbstverständlich angeleint. Immerhin halten sich die meisten Hundenarren, glücklicherweise auch der einzige Kampfhundbesitzer in unserem Viertel, an das berechtigte Gebot, ihre Tiere mit einem Maulkorb auszustatten. Zwischen Brücken und Kanälen können Mensch und Tier sich nämlich nicht aus dem Wege gehen, was oft genug großes, von den Hauswänden nur noch verstärktes Gekläff zur Folge hat.

Auf der Insel Le Vignole, zwischen Altstadt und Lido, sorgten eine Zeitlang sogar sieben verwilderte Hunde für Angst und Schrecken. Weniger tierfreundliche Leute hatten hier einen Rüden und eine trächtige Hündin inmitten von Gemüsepflanzungen und Brachwiesen ausgesetzt, was anfangs niemanden kümmerte. Die braunen Hunde verwilderten und rissen den Bewohnern von Vignole über hundert Hühner, Truthähne und Kaninchen. Sogar acht der putzigen Ziegen, die im ehemaligen Fort von Sant' Andrea das Gras kurzhalten, fielen den ausgehungerten Kläffern zum Opfer. Nachdem sie schließlich mehrmals Menschen angefallen hatten, forderten die verängstigten Insulaner die Behörden auf, die wilden Tiere einzufangen und auf dem Festland im Tierheim unterzubringen, falls das überhaupt noch möglich war.

Glücklicherweise sind die meisten Hunde von Venedig so harmlos und winzig wie Luna, die krummbeinige und müde Promenadenmischung aus unserem Gemüsegeschäft. Luna döst meist in einer ausgepolsterten Obstkiste vor sich hin und wird nur munter, wenn ein anderer Hund sie besucht. Niemand nimmt in Italien Anstoß an so etwas, nicht einmal in einer Metzgerei. Wer seinen Hund nach Venedig mitnehmen möchte, sollte jedoch trotz der verbreiteten Tierliebe wenigstens ein Klettband einpacken, das man dem Tier bei Bedarf ums Maul binden kann. Damit läßt sich der Ärger vermeiden, den unser Freund Robert bekam, als er mit seiner wunderschönen Jagdhündin Bella aufs Vaporetto stieg. Der Kontrolleur, der seine Vorschriften kannte, wollte Herr und Hund partout vom Boot werfen, bis wir die Leine irgendwie zum Maulkorb umfunktionierten und der Mann ein Auge zudrückte.

Anders als die hochsensible Bella, die kaum auf ein Boot zu kriegen ist und beim geringsten Wellengang zittert, lieben die meisten Hunde die Schiffahrt. Man erzählt sich von einem besonders klugen Tier, das die Linie 82 regelmäßig ganz allein – und dann wohl ohne Maulkorb – benutzte, um von der Giudecca nach Dorsoduro hinüberzufahren. Und wenn manche Privatleute ihr Boot anwerfen, fährt der begeisterte Hund als Galionsfigur vorne auf dem Bug mit. Ich muß allerdings ganz schön belämmert dreingeschaut haben, als ich einmal unter der Rialtobrücke einen Schäferhund mutterseelenallein auf einem Boot um die Kurve fahren sah und dabei freudig bellen hörte. Zuviel Alkohol? Nicht ausgeschlafen? Erst am anderen Morgen fand ich in der Zeitung die Lösung: Es ging um Dreharbeiten des italienischen Pendants von »Kommissar Rex«, und der Kahn mit dem tierischen Detektiv war ferngesteuert.

Neben den Hunden führen heute nur noch die Katzen ein – allerdings meist zurückgezogenes – Tierleben in der engen Stadt. »Es gibt keine Katzen mehr in Venedig«, hat die Frankfurter Schriftstellerin Eva Demski einmal etwas kategorisch geschrieben und damit wohl den gemeinsamen Rückgang der menschlichen und der tierischen Population bejammert, die vor fünfzig Jahren beide gut das Doppelte zählten. Doch wir können die Katzenfreunde beruhigen: Die Abwanderung ist zum Stillstand gekommen, und es finden sich allerorten Katzen, jedoch meist – wie bei uns im Haus – im Innenhof oder ganz in der Wohnung eingesperrt und damit wenig sichtbar. Im Kampf gegen die »Pantegani«, wie man die Wasserratten nennt, soll sich unsere Hofkatze nach Auskunft ihrer Besitzerin besonders hervortun. Es scheint zu stimmen, denn wir haben noch keine Ratte zu Gesicht bekommen.

Daß Venedig im Mittelalter von Pferden bevölkert war, kann man sich heute allerdings kaum mehr vorstellen. Damals scheuten die Patrizier den schlammigen Grund und ritten selbstverständlich durch Gassen und über Brücken, die damals noch kein Geländer hatten; das gewöhnliche Volk mußte Platz machen. Es gab damals allerdings noch genügend Fläche und Grün für die Tiere. Heute existiert nur am Lido ein Reitstall, dessen Mitglieder herrlich am Strand ausreiten können. Aber aus der Altstadt hat die moderne Hygiene die Großtiere längst verdrängt – seit Jahrzehnten ist der Schlachthof in Canareggio geschlossen, ist die Molkerei in Dorsoduro dicht. Und nurmehr vage Erinnerung sind die Zeiten, da ein leibhaftiger Elefant die Stadt unsicher machte.

Im Jahr 1819 war es, da brach das arme Tier aus einem Menageriekäfig auf der Riva degli Schiavoni aus, verwüstete im Gassengewirr eine Holztreppe, trat einen Brunnen um und flüchtete sich schließlich völlig verängstigt in die Kirche Sant' Antonin. Dort erlegte das österreichische Militär den Elefanten, dem Gewehrkugeln nichts anhaben konnten, schließlich mit einer kleinen Kanone. Im Sakralraum hatte der Dickhäuter, der für Venedigs Dimensionen nun definitiv zu gewaltig war, kaum etwas heil gelassen. Ob Sant' Antonin darum seit Jahren geschlossen und »in restauro« ist?

Die Bombe

Wenn einem das Stammlokal in die Luft gejagt wird, ist das nicht gerade ein erhebender Anblick. Die Bombe mit fünf Kilogramm Trytol, die am 9. August 2001 morgens um drei auf dem Gemüsemarkt bei der Rialtobrücke explodierte, hatten die Täter in einem Rucksack direkt vor die kleine Bar gelegt, in der wir mindestens zweimal die Woche frühmorgens vor dem Einkaufen unseren Cappuccino trinken. Die »Bar Mercà«, die eigentlich nur aus einer Theke und ein paar Quadratmetern Stellfläche besteht, wurde vollkommen verwüstet. Francesco, der junge Barmann, erzählte uns später, daß er wie jeden Morgen gegen fünf um die Ecke gebogen war und von den polizeilichen Absperrungen aus die Ruinen seines Arbeitsplatzes betrachten konnte: Der massive Eisenrolladen hatte sich wie der Deckel einer Sardinenbüchse hochgewickelt, drinnen war keine Vitrine mehr ganz, kleine Geräte wie die Kasse waren gegen die Regale geflogen, von denen wiederum die Weinflaschen heruntergekippt waren – das totale Chaos.

Francesco, der eigentlich Jura studiert, nun aber eher den Beruf des Barmanns ausübt, hatte zusammen mit seinem Vater die Bar erst zwei Wochen vorher nach einer langwierigen Renovierung wieder eröffnet. Ihr besonderer Stolz war das Historienbild vom benachbarten Aufgang zur Rialtobrücke, das sie beim Kunstmaler zwei Häuser weiter eigens in Auftrag gegeben hatten. Merkwürdigerweise war in der Holzplatte des Panoramagemäldes nur ein kleiner Riß, den ein herumfliegender Rotor des Ventilators verursacht hatte. Aber sonst war alles kaputt. Francesco erzählt, wie er an diesem heißen Augustmorgen vom Bahnhof – er wohnt auf dem Festland – Richtung Rialto gegangen war. Mehrere Leute sagten ihm im Vorbeigehen, er brauche seine Bar heute nicht aufzumachen: »Sie ist schon offen.« Venezianer haben einen merkwürdigen Humor. Francesco kam in den Tagen danach zu ungewollter Berühmtheit. Er und sein Vater, der ihm am Wochenende hinter der Theke hilft, erschienen in den Hochglanzmagazinen und sogar in den Fernsehnachrichten.

Der Grund für die Bombe war allerdings weder die kleine »Bar Mercà« noch der Gemüsemarkt, dessen Stände die Druckwelle der Bombe allesamt vom Campo gefegt hatte. Auf dem Platz selbst, von den früheren österreichischen Besatzern benannt nach »Bella Vienna«, klaffte ein gar nicht mal so großes Loch. Der Anschlag galt zweifellos dem Gerichtsgebäude, vor dessen Nebeneingang die Bombe abgelegt worden war und in dem kein Fenster heil blieb. Den Attentätern ging es offensichtlich um eine Warnung, denn am hellichten Tag hätte es auf dem überfüllten Gemüsemarkt Dutzende von Toten gegeben. Mutmaßungen, wer mitten im wundervollen, aber auch etwas verschlafenen Venedig Grund für ein solches Attentat haben könnte, gingen in der ganzen Welt durch die Medien.

Eher absurd war es, die Bombe vermeintlichen »Globalisierungsgegnern« zuzuschreiben, die sich unlängst in Genua mit der italienischen Polizei eine Schlacht geliefert hatten. Warum sollten solche Hitzköpfe ein Gericht und keine Polizeikaserne zum Ziel nehmen? Ebenso unverständlich wären Täter aus dem rechtsextremen Milieu, hat doch gerade die Rechte, auch die extreme, die Wahlen gewonnen. Die Venezianer vermuten den Hintergrund eher im Tagwerk eines Gerichtshofes: Da will jemand, daß nicht weiter gegen ihn ermittelt wird und gibt den Richtern ein unmißverständliches Zeichen. Verfahren gibt es auch in Venedig genug: gegen das Kartell der illegalen Muschelfischer oder gegen die nie gefaßten Hintermänner, die den Brand des Opernhauses »La Fenice« bezahlt haben. Man munkelt sogar über Nachforschungen innerhalb des Polizeiapparates, aber natürlich weiß im Land der »Dietrologia«, des Volkssportes der Verschwörungstheorie, niemand etwas Genaues.

Immerhin hätte – wie der »Fenice«-Brand, bei dem nur um Haaresbreite eine größere Feuersbrunst vermieden werden konnte – auch die Marktbombe mit viel schlimmeren Verwüstungen enden können. Keine zwei Meter vom Explosionsort entfernt befindet sich der Gasverteiler für die Umgegend – und sah wundersamerweise nur einigermaßen zerbeult aus. Wäre er in jener Nacht geplatzt, dann gäbe es die weltberühmte Rialtobrücke wohl nicht mehr, keinen Fischmarkt, keine umliegenden Paläste am Canal Grande und schon gar keine »Bar Mercà«.

Francesco, der in seinem Laden wundervolle Panini mit eingelegten Pilzen, Zwiebeln, frischem Spinat oder scharfem Käse anrichtet, arbeitet ohnehin wie ein Besessener, wie man das in ganz Italien den Leuten aus dem Nordosten nachsagt, halb mitleidig, halb bewundernd. Seit der teuren Renovierung schließt er erst gegen Mitternacht den Rollladen, fährt weit aufs Land nach Hause, nur um gegen fünf, nach drei Stunden Schlaf, wieder hinter dem Tresen zu stehen. Oft blinzelt er uns morgens aus geröteten Augen an, aber er ist immer guter Laune. Und mit derselben Mentalität hat er schon am Tag der Bombe damit begonnen, das Chaos aufzuräumen und aufs Neue die Handwerker zu bestellen. Schnell waren die Vitrinen wieder heil, und es gab eine neue Registrierkasse.

Der Ort des Attentates hingegen war noch eine Weile abgesperrt, während die Glaser im Gericht wieder alle Scheiben einsetzten. Die Geschäftsleute rund um den Platz hatten einen hohen Preis für den barbarischen Anschlag zu entrichten: Bei Terrorakten zahlt keine Versicherung, und dann müssen die Kompensationsforderungen erstmal mühsam den langen Weg durch die Bürokratie nehmen.

Der Gemüsemarkt indes konnte schnell umziehen, denn das war sowieso geplant. Die neu gebauten Stände ein paar Meter weiter direkt am Canal Grande waren schon fast fertig. Und so stehen die Gemüsebauern wieder morgens vor der »Bar Mercà«, den Frühstücksprosecco in der einen, das Panino von Francesco in der anderen Hand. »Für die neuen Stände«, frotzelt ein Rentner, »wäre die Bombe doch gar nicht nötig gewesen. Daß ihr jungen Leute immer so ungeduldig seid.« Einer der Bauern, ein überzeugter Kommunist, entgegnet kauend, das seien doch wieder nur die verdammten Kommunisten gewesen, die genug Platz für ihr Jahresfest freihaben wollten, und weist auf die roten Fahnen mit Hammer und Sichel, die – bewacht von bewaffneten Polizisten – tatsächlich rund um den Bombenkrater wehen. Wie gesagt: Venezianer haben einen merkwürdigen Humor.

LIDO-IMPRESSIONEN

Tausende von Venezianern ziehen im Sommer um. Dabei wollen sie weder den Touristen noch der Hitze entfliehen. Sie wollen noch nicht einmal ihrer geliebten Stadt, über die sie so gerne klagen, den Rücken kehren. Sie bleiben in Reichweite: Sie verlegen ihre Existenz von Juni bis September an den Strand. So ist es in ganz Italien üblich, aber während die bemitleidenswerten Bewohner von Mailand, Rom oder Turin weite, meist verstopfte Wege fahren müssen, um den Meeressaum zu erreichen, benötigt eine venezianische Familie keine halbe Stunde im Vaporetto. Mit dem Lido, der in der Geschichte der Stadt lange als einschüchternde Sandbarriere gegen Feinde und Adria Dienst tat, hat Venedig seit dem Fin de Siècle seinen eigenen Strand dazubekommen. Die alte Handelsmetropole wurde endgültig zum Seebad, was eine weitere Touristensaison für Nordländer ermöglichte.

Inzwischen sind es nicht mehr deutsche Schriftsteller und ephebische Polenknaben, die einander hier begegnen. Vom mondänen Badeleben aus Thomas Manns »Tod in Venedig« sind nur noch Rudimente übrig, lediglich einige tausend Badegäste kommen pro Saison. Stattdessen haben die Venezianer ihren Strand selbst übernommen. Morgens ab halb zehn zieht der Strom der Städter zu den Linienbooten Richtung Lido, wo sich die Inselbewohner, immerhin gut zwanzigtausend, noch schnell für den Tag eincremen. Daß dieser Aspekt ihres urbanen Lebens vielleicht ein Privileg zu nennen wäre, daß weniger glückliche Menschen viele Stunden, ja Tage aus verregneten Zonen hierher anreisen, daß ein städtischer Strand keineswegs zu den Selbstverständlichkeiten der von Lärm, Stau und Smog geplagten Europäer zählt – solche Vorhaltungen nehmen die meisten Venezianer nur mit Verwunderung zur Kenntnis. Sie sind es gewohnt, der begierigen Welt die Schauergeschichten von Verfall, Hochwasser und Geldknappheit so lange zu erzählen, bis sie das alles selber glauben. Und daß sie seit Kinderjahren den Badeurlaub vor der Haustür verbringen können, haben sie unter Normalität verbucht. Was soll am Lidoleben schon erwähnenswert sein?

Mütter mit Kinderwagen, die älteren Geschwister bepackt mit Badetaschen voller Förmchen, Handtücher, Bälle und Schwimmreifen, bilden die Vorhut. Es folgen agile Omas mit ein paar Schmökern in Reserve, fidele Pensionäre, die schon ab April an ihrer Sonnenbräune arbeiten, und schließlich hungernde Backfische, die an ihrer Morgenzigarette und an ihrem knappen Bikinioberteil ziehen – so brechen die Venezianer nach dem späten Frühstück zu ihrer Sommerfrische in Sichtweite auf. In den Geschäften entlang der belebten Hauptstraße des Lido kann man sich noch nach Bedarf mit Zeitschriften und Sonnenöl eindecken. Dann ist es nicht mehr weit bis zum zweiten Zuhause.

Denn am Meer ist alles genau geregelt. Hier stehen kilometerweit die Strandhütten, die begehrten Capanne, am zugegebenermaßen etwas langweiligen Badewannenwasser der äußersten Adria, der vor allem im Hochsommer ein wenig Brandung guttäte. Doch es gibt Sonne und Sand und vor allem ein großes Getümmel wie daheim auch. Was wollen Venezianer mehr? Die lange im voraus saisonweise gemieteten Capanne bieten eine abschließbare Umkleidekabine, zwei Stühle mit Klapptisch, zwei Liegen, eine Bank mit Matratze sowie ein schattiges Plätzchen unterm Vordach – also genug Raum für eine Normalfamilie. Jeden Tag gibt es frische Laken, Strandwärter räumen auf, überwachen den mauen Badebetrieb und sorgen dafür, daß herumtollende Kinder die Omas nicht allzu nachhaltig aus dem Nickerchen aufschrecken.

Der Lido an einem Sommertag bildet die italienische Gesellschaft in ihrer Merkwürdigkeit ab, denn gar eigentümlich hat sich die Familie unterm modernen Erwerbsleben entwickelt. Der Daueraufenthalt am Strand wird gerechtfertigt mit dem Bedürfnis der Kinder, die hier volle drei Monate Schulferien haben und speziell in Venedig kaum Auslauf und Frischluft bekommen. Dadurch spielt sich das Matriarchat eines langen Sommers ein: Omas, Tanten, Mütter wechseln sich in der Aufsicht über die wieselige Brut ab, können dann zwischendurch ausruhen, sonnenbaden, Eis schlecken und Karten spielen und machen dabei einen höchst gelassenen Eindruck. Während sich der eine oder andere verbliebene Opa zur Idylle dazugesellt, muß der Vater naturgemäß im Geschäft oder im Büro das Geld verdienen. Aus weniger privilegierten Städten Italiens kämpft er sich freitags durch den Totalstau zu seinen ausgeruhten Lieben am Meer durch. In Venedig kann er oft immerhin zum Feierabend auf ein Bad oder eine Partie Boccia dazustoßen.

Eine Capanna in guter Lage – also vor einem der Luxushotels – kostet pro Saison gut und gerne fünftausend Euro. Wem die zweite Reihe ohne Meerblick genügt oder ein etwas weiterer Weg nichts ausmacht, der kommt etwas billiger davon. Vor dem »Excelsior« bieten die braunweißen Stoffbuden den Anblick eines orientalischen Zeltlagers, vor dem »Des Bains« gibt es strohgedeckte Rundhütten nach dem Vorbild eines afrikanischen Krals, ansonsten herrschen Holzhütten nach skandinavischer Art vor. In der Tagesmiete würde ein solches Strandhäuschen, wenn es denn zu haben wäre, für Hotelgäste oder Tagestouristen dreihundert Euro kosten. Selbst wenn man nur Handtücher, Sonnenschirm und Liegestuhl möchte, kommt man nicht unter fünfzig Euro davon. Der Lido ist eben ein sommerliches Spiegelbild der restlichen Stadt: Sie kennt ihren Preis. Und sie genießt ihren Wohlstand lieber ohne großes Aufsehen. In der Kleinstadt Venedig leben viele Tausende von Familien, die locker das Doppelte ihrer Monatsmiete für das Strandvergnügen ausgeben. In großbürgerlichen Kreisen ist es sogar immer noch üblich, sich eine kleine Villa oder wenigstens eine Eigentumswohnung am Lido zu halten und im Hochsommer nur für die Post gelegentlich in die Innenstadt zurückzukehren.

So dehnen sich die Tage. Alle Viertelstunde schleppt sich ein Fliegender Händler aus China oder Arabien mit bunten Strandtüchern, Transistorradios, Mini-Baggern, Ferngläsern oder gar einem quäkenden Plastikpapagei heran und läßt sich nur schwer abwimmeln. Junge Burschen stromern, auf der Suche nach einer ersten oder zweiten Liebe, in knappen Badehosen und mit geschwellten Muskeln den Strand entlang. Mädchen taxieren diese Aufmärsche und kichern einander zu. Seniorenrunden, die auch den Rest des Jahres nachbarlich miteinander verkehren, erfreuen sich stundenlang am Kartenspiel, zerlesene Groschenromane werden ausgeliehen, greinende Babys von philippinischen Hausmädchen trockengelegt und in den Schlaf gewiegt, der am Nachmittag fast alle gnädig übermannt. Der Lido kehrt, wie jeder Strand, die Normalität des Familienlebens mit all der ihr eigenen Geistlosigkeit und Zusammengehörigkeit, Zuwendung und Kontrolle nach außen.

Darum ist diese Lebensweise, in der alles bleiben darf, wie es ist, so beliebt. Es gibt Venezianer, die keinen Sommerurlaub woanders verbracht haben als in ihrer Stadt.

Gegen Abend, wenn das Fernsehen mit Vorabendserien lockt und der Hunger auf eine Pasta alle erfaßt, bricht der behäbige Troß wieder auf in die Welt der Gassen und Kanäle, wo sich tagsüber höchstens unvorsichtige Touristen die Füße wund gelaufen und die Kleider durchgeschwitzt haben – und nichts von den Wonnen des Lido und seinem kühlenden Lüftchen mitbekamen. Von fünf bis acht Uhr bieten die Verkehrsbetriebe Sonderboote und eigene Strandlinien, um die Venezianer wieder nach Hause zu befördern. Bis zum nächsten Morgen, an dem alles wieder von vorne beginnt.

Studium am Canale

Wer den Eingang zum Deutschen Studienzentrum nicht genau kennt, der würde ihn niemals finden. In einem kaum mannsbreiten, finsteren Gäßchen findet sich die Marmortafel, welche von der Anwesenheit deutscher Gelehrsamkeit in der Stadt zeugt. Seit 1972 bietet, zur Verfügung gestellt von der Thyssen-Stiftung, der Palazzo Barbarigo della Terrazza Studenten und Wissenschaftlern aus Deutschland Gelegenheit, in und über Venedig zu forschen, sich für Bücher und Abhandlungen inspirieren zu lassen. Doch das Studienzentrum ist, hat man einmal den düsteren Eingang durchschritten, ganz und gar nicht so beengt, wie es der Dienstboteneingang befürchten läßt.

Hier wird anschaulich vorgeführt, daß in Venedig alles zwei Seiten und die Wahrheit einen doppelten Boden hat, was eine gute Lehre für die angehenden Historiker, Romanisten und Kunstgeschichtler sein dürfte, die im Studienzentrum arbeiten. Von der Wasserseite – und das ist in Venedig die maßgebliche – bietet die Forschungsstätte nämlich einen anderen Anblick: Da liegt eine besonnte Riesenterrasse von über dreihundert Quadratmetern hinter einer noblen Balustrade. Innen wartet das Piano nobile mit riesigem Muranolüster und Balkendecke im Stil des sechzehnten Jahrhunderts auf; die kleine, aber gut bestückte Bibliothek wird geziert von kostbaren Wandbespannungen und Dogenporträts der Familie Barbarigo. Um dem Eindruck des Prunkvollen vorzubeugen, beeilt sich die Romanistin Susanne Winter, die seit Oktober 2000 das Studienzentrum leitet, auf die sieben ins Zwischengeschoß eingezogenen Stipendiatenkammern hinzuweisen, die im Unterschied zu den Schauräumen eher spartanisch eingerichtet sind – auch dies übrigens durchaus typisch für den venezianischen Kult der Fassade. Immerhin sorgt das Hauspersonal für Bettwäsche, es gibt eine Gemeinschaftsküche, diverse Computer und eine Bibliothekarin in der rund um die Uhr geöffneten Handbücherei.

Wer darf das Privileg genießen, sich direkt aus der Schatulle der deutschen Kulturstaatsministerin einen Aufenthalt im Palazzo Barbarigo finanzieren zu lassen? Welche glückliche Studentin mag auf der Riesenterrasse etwas verloren frühstücken oder bibliographieren? Susanne Winter, die hier früher selbst über den venezianischen Märchenkomödianten Carlo Gozzi geforscht hat, wundert sich fast ein wenig, daß nicht noch viel mehr Studenten einen Aufenthalt wünschen. Die Bedingungen: Man muß über irgendein Gebiet, das mit Venedig oder dem Veneto zusammenhängt, an einer deutschen Universität arbeiten. Eine Kommission vergibt nach schlichten Anträgen die Stipendien, die von einem Monat bis zu zwei Jahren – je nach Umfang des Projektes – ansehnlich dotiert sind, allerdings sind davon noch die Fixkosten für Wohnung und Soziales in der Heimat zu bestreiten.

Bei meinem Besuch saßen trotz herrlichen Sonnenwetters die ausschließlich weiblichen Stipendiaten fleißig in der Bibliothek und forschten – so etwa zum gotischen Maler Altichiero, zur venezianischen Publizistik im achtzehnten Jahrhundert und zum Opernkomponisten Simone Mayr –, obwohl draußen die Terrasse lockte. Soviel Pflichteifer ist fast schon bedauernswert, hebt aber den Ruf des unlängst so vehement gescholtenen deutschen Erziehungssystems erheblich. Zuweilen kommen deutsche Akademiker zum Forschungsaufenthalt in die Gästewohnung, Studenten der nahen Uni Venedig nutzen die Bibliothek, es gibt Vorträge und Konzerte, und so stellt sich im pompösen Palast doch noch eine Campus-Atmosphäre ein.

Wer daran teilhaben will, muß eine Bewerbung an den Direktor richten, der über die schönste Wohnung im Palast verfügt, aber, weil viel beschäftigt, fast nie dort residiert. Unter seiner Postadresse müssen die Bewerbungen für einen Aufenthalt am Canal Grande eintreffen. Eine Wahrheit ist sogar im trügerischen Venedig unwiderlegbar: Schöner als hier forscht kein deutscher Student.

28

Asìa

Wenn er leicht gebeugt über den Markt an Rialto schlurft, dann wirkt er wie ein alter Mann. Doch seine Augen sind immer hellwach, selbst wenn er nach innen schaut und seinen Gedanken nachhängt. Kein Wunder, daß er am Vormittag schon müde ist. Schließlich steht Asìa jeden morgen um drei Uhr auf und macht sich, wenn Venedig noch schläft, im Morgengrauen an die Arbeit auf dem Markt. Er wohnt auf Sacca Fisola, der entlegensten Gegend von Venedig. Auf dieser letzten Außenstelle vor dem Hafenbecken gibt es überdurchschnittlich viele Sozialwohnungen, keine Sehenswürdigkeiten und keine Touristen, dafür aber eine Bocciabahn und ein Schwimmbad. Aber im Schwimmbad war Asìa noch nie.

Sein Beruf ist es, das Fleisch über den Rialtomarkt zu tragen, die Kühlboote der Schlachter zu entladen und Schweinehälften oder Rinderlenden bei den umliegenden

Restaurants abzuliefern. Oft muß er sich mit seiner Last durch die Touristengruppen schlängeln, die im Marktgetümmel schon am Morgen pittoreske Motive für ihr Urlaubsalbum suchen. Für einen Fleischträger ist das ziemlich lästig. Weil er diesen harten Job schon immer macht, ist Asìas Schritt etwas schleppend, seine Haltung krumm geworden. Im Augenblick hat er sogar eine Sehnenscheidenentzündung, die er mit einem elastischen Schweißband am Handgelenk zu lindern versucht. Er trägt immer das gleiche: Jeans, kariertes Hemd, eine blaue Windjacke aus Polyester und stets dieselbe rotschwarze Baseballkappe mit dem Aufdruck »Chicago Bulls«. Zu seiner großporigen roten Nase und den treuherzigen Clownsaugen steht diese Mütze, auf die er stolz ist, irgendwie im Kontrast. Obwohl Asìa meist gutgelaunt ist, wirkt er dennoch, da kann er nichts machen, eher traurig.

Warum Asìa Asìa heißt, kann er selbst nicht erklären. Sie nennen ihn immer schon so, und so will er auch genannt werden. Eigentlich heißt er Benito, aber das ist ein Name, der ihm nicht gefällt. Sein Vater wollte mit diesem seltenen Vornamen seinerzeit den Duce ehren. Aber Asìa will – anders als andere Italiener, die inzwischen wieder ohne Scham zum Faschismus stehen – mit Mussolini nichts zu tun haben. Asìas Vater kam aus Triest, erzählt er, dann ging er nach Chioggia, am Südrand der Lagune. Schließlich landete er in Venedig, wo Asìa dann geboren wurde. »Ich habe drei Vaterländer«, tönt Asìa stolz, und meint damit der Reihe nach Triest, Chioggia und Venedig. In seiner Familie ist man rumgekommen in der Welt. Er selbst hat Venedig noch nie verlassen.

Asìa nimmt gerne zwischendurch einen Schluck Wein, roten oder weißen, das ist ihm gleich. Wenn es sein muß, trinkt er auch Bier, im Sommer sogar gelegentlich Wasser. Mancher Barmann an Rialto schenkt ihm schnell einen Schluck für zwischendurch ein. Wenn er es nicht übertreibt, muß Asìa dafür nichts bezahlen. Aber er ist nicht arm, schließlich gibt es Trinkgelder. Und wer schwer schleppt, der muß auch trinken. Gegen Mittag schaut Asìa dann meist glasig in die Welt und geht noch gebeugter über den Markt, doch dann ist die härteste Arbeit auch schon getan, und er kann sich Zeit lassen für die letzten Botengänge und den einen oder anderen vorletzten Schoppen.

Sogar am Nachmittag ist Asìa immer von ausgesuchter Höflichkeit. Jedem, der ihn grüßt, schüttelt er ausgiebig die Hand, auch wenn an seinen Händen noch das Blut von den Schweinehälften und Rinderbraten eines harten Vormittags klebt. Wenn er in Stimmung ist, verteilt Asìa mitunter Handküsse an die Damen, die schnell für einen Kaffee aus dem Amtsgericht herauskommen oder sich ein belegtes Brötchen in eine der umliegenden Boutiquen mitnehmen. Bei Touristinnen versucht sich Asìa auch in der englischen Sprache, und wenn man genau hinhört, dann versteht man sogar den einen oder anderen Brocken. Wer weiß, wo Asìa das aufgeschnappt hat. »Jetzt redet er wieder Englisch«, lästern dann die Gemüseverkäufer, die selbst kein Wort Englisch können, sich aber ausgerechnet von Asìa nichts vormachen lassen wollen. Und so zuvorkommend und wohlerzogen Asìa auch auftritt, die Gemüsebauern vom Rialto machen ihm mit ihrer abfälligen Art deutlich, daß er in der Markthierarchie nichts gilt. Bei den ernsten Gesprächen über das Wetter, Politik oder gar Fußball hat Asìa, das macht man ihm beiläufig klar, nicht mitzureden. Wenn er eine Bemerkung in die Runde wirft, dann wird das ignoriert. »Poverino«, sagt dann höchstens einer – »armer Kerl«. Vielleicht ist das der Grund, daß Asìa oft lieber nach innen schaut.

Wenn am Nachmittag die Marktstände abgebaut werden, wenn kein Fleisch mehr vom Boot gehoben werden muß und die Müllmänner die Gemüseblätter auffegen, dann fährt Asìa zurück nach Sacca Fisola. Da ist er Dauergast in einem sozialen Circolo. »Kommunisten«, sagt der Barmann verächtlich. »Das war früher«, wehrt Asìa ab. »Die geben einem wenigstens ein warmes Plätzchen, man kann Karten spielen und kriegt was zu essen. Vor allem auch was zu trinken.« Und wenn er das sagt, blinzelt er schelmisch unter seiner Baseballkappe.

Im Morgengrauen, wenn das erste Kühlfleisch angeliefert wird, ist für Asìa dann die Nacht wieder zuende. Es ist ein harter Job, und er macht ihn schon lange. Vor kurzem wurde er fünfundsechzig, aber natürlich geht er nicht in Pension, weil er einen Beruf hat, bei dem die Pensionierung nicht vorgesehen ist. Wenn uns Asìa am Vormittag auf dem Markt entgegenkommt, hat er meist keine Zeit für einen Plausch. Dann grüßt er nur nachlässig und winkt herüber: »Ciao, artisti!« Aus seinem Mund ist das ein Kompliment.

Der Muschelkrieg

»Ihr solltet in Zukunft besser auf Muscheln verzichten«, erklärte unser Freund Guido, legte die Gabel beiseite und wischte sich den Mund ab. Für einen Venezianer, der gerade mit Genuß eine Portion »Spaghetti alle vongole« verspeist hatte, bedeutete dieser Ratschlag einen echten Bruch mit der eigenen Kultur – als würde ein Münchner vom Biertrinken abraten oder ein Holländer vor dem Matjes warnen. Es gibt in der zwar vorzüglichen, jedoch nicht eben abwechslungsreichen Küche der Venezianer kaum ein Gericht, das so lecker ist wie die wundervoll zarten, im Lagunenschlamm genährten Venusmüschelchen, abgeschmeckt mit etwas glatter Petersilie und Knoblauch, serviert auf einem Bett von Nudeln und begleitet von einem trockenen Weißwein aus dem Friaul. Die Kombination lieben nicht nur die Venezianer, auch die Besucher wissen sie zu schätzen. Und gerade diese Köstlichkeit aus den heimischen Gewässern sollten wir fortan meiden?

Muscheln bedeuten für den einseitigen Arbeitsmarkt der Stadt ein Millionengeschäft: Wer Muscheln fängt, kann in einer Nacht gut und gerne ein-, zweitausend Euro verdienen – ohne Steuern, ohne Ausbildung, ohne großes Risiko. Dafür müssen andere Leute zwei Wochen arbeiten. Erforderlich sind nur: ein stabiles Motorboot, wie es auf den Inseln sowieso jeder junge Mann besitzt, ein paar Netze und die Grundkenntnis der Sandbänke. Im Schutze der Nacht kratzen regelmäßig Hunderte von illegalen Fischern die besten Meeresböden von den Mollusken frei, packen den Fang in Netze und liefern ihn den Gastronomen im Morgengrauen frei Haus.

Den italienischen Staat interessiert an diesem althergebrachten Erwerbszweig vor allem, daß dabei keine Steuern abfallen. Und so hat sich zwischen den illegalen Fischern, den sogenannten »abusivi«, und der gegnerischen Finanzpolizei mit den Jahren ein Räuber- und Gendarmspiel eingefahren. Tagsüber sieht man den robusten Booten mit einem unglaublich starken Motor von rund 100 PS und dem stählernen Zugbügel sowieso an, wozu sie dienen, aber niemand kann es nachweisen. Im Dunkeln probieren die Polizisten dann mit Nachtsichtgeräten, mit Verstecken an den Fangplätzen, ja sogar mit Hubschrauberüberwachung, die »abusivi« auf frischer Tat zu ertappen. Als effizient hat sich jedoch einzig die Kontrolle in den Restaurants erwiesen: Kann ein Gastronom die ordnungsgemäße Herkunft seiner Muscheln nicht nachweisen, drohen über zweitausend Euro Strafe.

Kürzlich fand die Polizei dann heraus, daß ein schon länger entwendetes Siegel des Gesundheitsamtes von Chioggia dazu gedient hatte, große Mengen von Muscheln zu legalisieren. Das waren nun gerade diejenigen Tierchen, die Fischer im Industriehafen von Marghera gefördert hatten, wo warmes Abwasser und nahrhafte Schwermetalle das Wachstum der Mollusken besonders beförderten. Dieser doppelte Gesetzesbruch illegal gefangener und obendrein vergifteter Muscheln kam sogar den Berichterstattern der EU-Kommission zu Ohren, die sogleich vor den Dioxinwerten in venezianischen Schalentieren warnten. Vielleicht erleichterten sich ja die Betreiber des illegalen Syndikats ihr Gewissen mit der Vorstellung, daß ihre Dioxinmahlzeiten vorzugsweise an Touristen verfüttert wurden und die Giftstoffe bald im bunten, ohnehin nicht sehr gesunden Nahrungsbrei des Durchschnittseuropäers aufgehen würden.

Doch waren all diese unappetitlichen Details für unseren Freund Guido nicht der einzige Grund, uns vom Muschelessen abzuraten. Die Fangmethoden der »abusivi« sind alles andere als zimperlich. Gewöhnlich gehen die Täter mit Eile zu Werk, wühlen mit einem zweiten Außenbordmotor den Schlamm auf und fischen hinterher die hochgewirbelten Schalentiere bequem ins Netz. Manchmal hilft auch ein eiserner Rechen oder ein Metallkäfig nach. Die sensible Bodenflora des Gezeitengewässers wird dabei samt allen Würmern, Fischleich und Krebsen mitvernichtet. Rechnet man sich aus, daß diese Art von Fischerei seit Jahrzehnten betrieben wird, dann ist es ein Wunder, daß die malträtierte Lagune überhaupt noch etwas hergibt.

Trotzdem konnte die Staatsmacht bei ihren Aktionen gegen die Muschelwilderer nicht auf die ungeteilte Solidarität der Venezianer zählen. Hunderte von Familien, insbesondere in Chioggia und auf der Insel Pellestrina, hängen am grauen Gewerbe, das viele eher als Kavaliersdelikt betrachten. Die begehrten Rotmuscheln werden im venezianischen Dialekt zärtlich »caparozzoli« genannt. Kann ein armer Fischer, der es auf die schmackhaften Rotkäppchen abgesehen hat, denn ein Verbrecher sein? Bei Verfolgungsjagden auf dem Wasser begannen sich die Delinquenten zu wehren. Es gab Schüsse und Rammstöße. Einige hartnäckige »abusivi« mußten ins Gefängnis. Irgendwann sammelten sich die »caparozzolanti« gar mit ihren schweren Booten vor dem Rathaus und blockierten den Canal Grande zugunsten ihres illegalen Gewerbes.

Schließlich kam es dann zur Übereinkunft: Dreitausend Hektar Lagune werden den Fischern künftig zur Nutzung freigegeben. Wer sich sein Zertifikat holt, kann künftig dort ganz legal mit einem genormten Eisenkäfig alles leerfischen, kann Muschelsamen säen und muß endlich nicht mehr mitten in der Nacht aufstehen. Unserem Freund Davide, der sich beruflich mit der Meeresflora befaßt, gefiel der historische Kompromiß weniger: »Bei uns in Italien wird alles Verbotene irgendwann legal. Man muß es nur lange genug machen.« Daß die neue Regelung den neunzig Prozent Lagune, die fortan überhaupt nicht mehr befischt werden dürfen, tatsächlich Ruhe bringen wird, glaubt nicht einmal Don Vittorio, der Priester von Pellestrina, bei dem die »abusivi« sonntags in der Messe sitzen: »Die jungen Leute haben mit der Muschelfischerei plötzlich die Taschen voller Geld. Das macht unsere Werte kaputt.«

In Venedig Muscheln zu essen, ist also fast so politisch unkorrekt wie der Genuß von Walfleisch oder von Schildkrötensuppe anderswo. Gesund sind Muscheln, das sagen wir uns jetzt immer, mit ihrem hohen Eiweißgehalt und der vielen Harnsäure übrigens auch nicht, vom obligatorischen Weißwein, der ja dazukommt, mal ganz abgesehen. Wir wissen das alles, wir kennen auch die Gefahren des Muschelessens für die Zukunft unserer Stadt. Und doch blicken wir morgens auf dem Fischmarkt immer sehnsüchtig auf die prallen Netze, in denen die leckeren Venusmuscheln und die Rotkäppchen warten. Wäre es nicht schade, wenn niemand sie kaufte?

Die Filmfestspiele

Eine untypische Unrast erfaßt viele Venezianer in den ersten Septembertagen: Sie wollen ins Kino, und zwar so oft und so lange wie möglich. Die anderthalb Wochen der »Mostra internazionale d'arte cinematografica« ermöglichen den Anwohnern bequem und auf die Schnelle einen Überblick über das Filmschaffen der Saison. Wer viel Zeit hat und irgendwie beruflich im weitesten Sinne mit Kultur oder Bürokratie zu tun hat, setzt sich in Besitz eines Dauerausweises, zur Not kann man auch Karten kaufen. Nach dem frühen Feierabend noch hurtig ein Käsebrot auf dem Linienboot heruntergeschlungen, mit schnellem Schritt zu den Filmpalästen auf dem Lido hinübergeeilt und dann Augen auf bis nach Mitternacht für den koreanischen Kinderfilm sowie das slowenische Kettensägenmassaker, für den neuesten Woody Allen, der bald sowieso überall läuft, den aber noch niemand gesehen hat, bis zur Retrospektive des polnischen Nachkriegskinos mit wackligen Untertiteln.

Dieser Nebeneffekt der Filmfestspiele – so viele Menschen wie möglich ins Kino zu kriegen – findet meist weniger Aufmerksamkeit als die Blitzlichtparade von allerhand sogenannten Stars. Für viele Venezianer aber bedeuten diese Tage vor allem cineastischen Blockunterricht, obwohl sie den Rest des Jahres mit den zwei Vorführräumen ihres modernen Programmkinos hinter der Kirche SS. Apostoli für Kleinstädter auch nicht gerade schlecht versorgt sind. Doch die riesigen Audienzen im Kinopalast, im alten Casino und vor allem in der amphitheatralischen Pala Galileo, deren Sitze auf dem blanken Erdreich stehen, verschaffen dem hiesigen Publikum eine unleugbare Metropolenwitterung. Dazu kommen Tausende von Journalisten und Angehörige der Filmindustrie aus aller Welt – wichtig dreinschauende, gerne strubbelige und vom vielen Gucken kurzsichtige Gestalten, die mit ihren ostentativ umgehängten Sonderausweisen, mit ihren Pressemappen und ihren Kugelschreibern, die im Dunkeln leuchten, den Eindruck vermitteln, der biedere Lido gehöre irgendwie zur Großgemeinde Hollywood.

Mit den Tagen, so ist das jedes Jahr, werden dann selbst den Cineasten die Problemstreifen über die Adoleszenz argentinischer Großstadtjugendlicher oder die Schwindel und Übelkeit erregenden Reißschwenks der dreisten Dänen zuviel. Kann ein Mensch mehr als drei-, viermal am Tag bei schönem Wetter, fünfzig Meter entfernt von einem Badestrand im Dunkeln stundenlang auf eine flackernde Leinwand starren? Die Antwort lautet: ja. Doch das gilt nur für eine kleine, merkwürdige Minderheit. Die Mehrheit beschränkt sich nach der Hektik der ersten Tage aufs Drumherum.

Im Jahr 2001 war die Schauspielerin Nicole Kidman der erste große Ehrengast. Frau Kidman spielte wahrscheinlich in irgendeinem Thriller das Opfer, hätte aber mit ihrer durchscheinenden Kleinmädchenfigur – nomen est omen – und ihrem flirrenden Haar auch gut ein Gespenst abgeben können.»Wer ist schöner«, fragte völlig benebelt die Lokalzeitung,»die Kidman oder Charlize Theron?« Letztere Dame mit dem Zungenbrechernamen ist eine andere amerikanische Actrice, die dem Festival die Ehre gab und auch noch »ihren Verlobten« mitgebracht hatte. Ich muß zugeben, diese beiden jungen Damen bis jetzt noch nie in einem Film gesehen zu haben. Aber wenn ich mich wirklich zwischen ihnen entscheiden müßte, würde ich Liz Taylor nehmen. Ist Liz Taylor nicht die würdige Greisin, die da in einem Rollstuhl über den Lido fährt? Wohl kaum, wie man der Zeitung entnehmen kann, denn die große alte Dame des ägyptischen Historienfilms hat ihre abgedunkelte Suite im Hotel Bauer-Grünwald seit zwei Tagen nicht verlassen, was vielleicht auch besser für beide ist, das Festival und sie.

Allabendlich kommt es dann zum Aufmarsch der Filmschaffenden vor dem Vorführraum. Ich habe den amerikanischen Fachausdruck für dieses putzige Ritual vergessen, aber es geht so: Ein paar Limousinen fahren vor, und heraus springen geschmeidig ein paar Leute, deren Beruf es ist, in Filmen mitzuspielen oder die sonstwie am Zustandekommen der künstlerisch wertvollen Lichtbilder beteiligt sind. Diese Menschen werden von Fotografen geknipst und von Kameraleuten gefilmt, winken so strahlend in die Menge wie der deutsche Bundeskanzler im Ossiland und verschwinden dann im Kino, wo sie das eigene Produkt auf der Leinwand betrachten müssen. Vielleicht schlafen sie auch dabei, es sieht ja keiner. Daß bei diesem Ritual Hunderte, manchmal Tausende von Schaulustigen auf dem Lido herumlungern, ist der beste Beweis, daß Strandleben ziemlich langweilig sein muß.

Zweifellos das Schlimmste an einem Festival, längst auch am venezianischen, ist die amerikanische Unsitte zahlreicher Wohltätigkeitsveranstaltungen, deren Wohltätigkeit vor allem darin besteht, Halb- und Viertelberühmtheiten ein warmes Abendessen im Blitzlicht zu verschaffen. Daß Liz Taylor sich gegen Aids engagiert, ist ihre Privatangelegenheit. Da sie keine Filme mehr dreht, hat sie so wenigstens einen Anlaß, ins schöne Venedig zu kommen. Aber warum müssen heruntergehungerte Starlets ausgerechnet Geld gegen den Hunger in Mauretanien sammeln, wie das im besagten Jahr beim pompösen Rotkreuzball im Kreuzgang des Klosters San Niccolò del Lido geschah? Wo liegt Mauretanien überhaupt? Und wer sind, bitteschön, all diese Agnelli, Schiffer, Missoni, Fürstenberg, Thurman e tutti quanti, die sich beim Futtern gegen den Hunger in Mauretanien so köstlich bis in die Puppen amüsiert haben? Ich hatte natürlich wieder keine Einladung.

So schleppt sich das Festival zäh seinem Ende entgegen – zäh wie eine alte Diva und endlos wie das deutsche Betroffenheitskino. Auf den Terrassen der Cafés der Luxushotels, wo der Cappuccino um die fünf Euro kostet, sitzt das Filmvolk mit dem größeren Spesenkonto und führt wichtige Gespräche, während sich triefende Badenixen vom Strand heraufkommend zwischen die Proseccotrinker mogeln und brünstig hoffen, daß von irgendeinem Balkon der Blick eines Johnny Depp auf sie fällt oder wenigstens ein Pressemann noch eine Einladung für eine Abendfete zu vergeben hat.

In der preiswerteren Eckkneipe »Lion d'Oro« hänge ich mit anderen erschöpften Cineasten herum und lasse die Parade der Wichtigen an mir vorüberziehen. War das mit dem gepunkteten Hemd nicht der große Schauspieler Alberto Sordi, der in Italien so berühmt ist? Vielleicht ist es aber auch nur der greise Filmkritiker eines britischen Sozialistenblattes, der – eine Laune der Natur – genauso aussieht wie der gute Sordi. Ein schöner, junger Mailänder, der sich mir gerade als Schauspieler eines Films vorgestellt hat, welcher es leider nicht auf die Festspiele geschafft hat, kreischt: »Hey, da kommt ja Walter Veltroni!« Warum auch nicht? Irgendwo, denke ich, muß Walter Veltroni ja schließlich sein, warum nicht hier? Der junge Schauspieler greift indes instinktiv zur Videokamera, aber Veltroni, der bis vor einigen Jahren Italiens Kulturminister war und heute Bürgermeister der ewigen Kinostadt Rom ist, biegt schon um die Ecke. Der junge Mann läßt die Kamera sinken und entschuldigt sich lächelnd: »Ich wollte ja nur den anderen zuhause zeigen, daß ich hier gewesen bin.« Er hat recht. Dafür ist das Festival von Venedig genau das richtige.

SCHWARZHANDEL

Sie gehören bereits zum Stadtbild, die schwarzen Handtaschenverkäufer auf den Brücken und an den Kais. Auf riesigen Bettlaken breiten die jungen Männer ihre Ware aus und sprechen, immer dezent, nie aufdringlich, vor allem die ausländischen Passantinnen an, die einen Seitenblick auf die exponierten Taschen, Täschchen und Necessaires selten unterlassen können. Was da so unedel auf dem Boden gruppiert ist, sieht auf den ersten Blick nach astreiner Markenware italienischer Modeschöpfer aus: Gucci, Prada, Tod's, Fendi. Und sind wir nicht in Italien, wo es solche feinen Sachen an jeder Ecke gibt?

Das Problem sind die Preise. Für die Luxustaschen verlangen die Gassenhändler gerade einmal hundert Euro abwärts, je nach Tagesform und geschätzter Spendierfreude der Käuferinnen oder deren Begleiter. Das ist für handvernähte Designerware natürlich viel zu billig, sie kostet im Geschäft gut das Doppelte. Und es wird wohl kaum eine Kundin geben, die sich im Glauben wiegt, hier zufällig an einen Rabattverkauf der großen Marken gekommen zu sein. Die Taschen sind schlicht gefälscht, von anonymen Werkstätten in China gegen Hungerlöhne zusammengenäht und dann von mafiösen Händlerringen überall dorthin verschifft, wo es einen Absatzmarkt dafür gibt – und da liegt Venedig mit seinen Millionen kaufwütiger Reisender ganz vorne.

Wenn die Taschen wenigstens häßlich oder minderwertig wären. Aber überraschenderweise wirken die Stücke solide gearbeitet, gut kopiert, und bestehen aus Leder, das auch auf den zweiten Blick edel und elegant gegerbt erscheint. Selbst Experten erkennen die Fälschungen nur an Details im Innenfutter. Kurz: Wer es mit dem Markenchic nicht übergenau nimmt, der kann hier ein Schnäppchen machen. Darum läuft das Geschäft der geduldigen Schwarzhändler auf Venedigs Brücken nicht schlecht, immer mal wieder bleibt eine Touristin stehen, feilscht ein bißchen, geht zum Schein ein paar entschiedene Schritte weiter, um dann doch freudig zu einem Spottpreis einzuschlagen. Natürlich kennt niemand genaue Zahlen, aber die Handelsspanne der Afrikaner ist erklecklich: Eine gefälschte Markentasche kostet im Einkauf, wie man hört, nicht mehr als sieben bis fünfzehn Euro. Da ist selbst ein stark heruntergehandelter Preis immer noch profitabel.

Dabei leben die Händler, die fast alle aus dem Senegal kommen und offenbar zentral organisiert sind, in kümmerlichen Behausungen unweit der Altstadt. Immer fand sich bei den seltenen Razzien ein venezianischer Wohnungsbesitzer, der ein paar heruntergekommene Zimmer ohne ausreichende Bäder und Mobiliar zu Wucherpreisen an die Illegalen vermietet hatte, die hier zu viert oder fünft in einem engen Raum untergekommen waren. Doch obgleich hier eine Unterkunft geschlossen und dort Handelsware beschlagnahmt wurde, entstanden in letzter Zeit immer neue Netzwerke und Absatzwege. Am Bahnhof von Mestre hat sich unter den Augen der Obrigkeit der Handtaschengroßhandel im großen Stil etabliert. Wer daran letztlich verdient, bleibt im Dunklen.

Dieses illegale Gewerbe ist vor allem darum den venezianischen Geschäftsleuten ein Dorn im Auge, weil sie die echten Markenprodukte zu immensen Preisen im teuer gemieteten Schaufenster liegen haben. Wer wird das kostspielige Original noch kaufen, wenn er auf der Gasse davor die preiswerte Imitation nachgetragen bekommt? Doch der Delikte durch den Schwarzverkauf sind noch mehr: Geschädigt wird der italienische Staat, weil keine Steuern abgeführt werden, verstoßen wird gegen die Gewerbeordnung. Obendrein haben Stichproben ergeben, daß sich die meisten Afrikaner ohne gültige Aufenthaltsgenehmigung in Italien befinden. Trotzdem geschah lange nichts, um dem Treiben auf den Gassen ein Ende zu setzen – wohl auch, weil die linke Stadtregierung nicht mit einer Jagd auf arme Afrikaner in die Schlagzeilen kommen wollte.

Doch im Jahr 2001 stieg die Zahl der Händler und der Anzeigen um das Doppelte, pro Halbjahr wurden rund neuntausend Taschen beschlagnahmt. Der Handelsverband der Stadt sah das Maß voll. Einen Sonntag lang streikten die Geschäftsinhaber rund um den Markusplatz, ein riesiges Spruchband wurde entlang der Riva degli Schiavoni entrollt, eine Unterschriftenliste gegen den Bürgermeister ausgelegt. Schließlich blockierten auch die Gondolieri einen Nachmittag lang den Canal Grande, weil sie immer wieder mit den Händlern beim Kampf um die besten Standplätze in Schlägereien gerieten. Bei den lauten Forderungen, den illegalen Handel zu unterbinden, vergaßen die Initiatoren niemals zu beteuern, ihr Protest habe keineswegs mit Rassismus zu tun. Es gehe hier um mafiöse Geschäfte, die gegen diverse Gesetze verstießen. Zudem gebe es im reichen Veneto, der einzigen Region Europas mit Vollbeschäftigung, legale Arbeit genug.

Diesen Argumenten konnte sich auch die Politik nicht entziehen. Die venezianische Obrigkeit klagte allerdings, ihr stünden zuwenig Polizisten zur Verfügung. Und tatsächlich lief die bisherige Kontrolle des illegalen Handels auf ein unwürdiges Räuber-und-Gendarm-Spiel hinaus. Bei den seltenen Gelegenheiten, in denen Uniformierte um die Ecke bogen, rafften die Händler auf Zuruf ihre Laken und ihre Taschen blitzschnell zusammen und liefen behende davon. Inzwischen wurden bei solchen Verfolgungsjagden bereits zwei Touristen über den Haufen gerannt und schwer verletzt. Erfolge verzeichnete die Polizei übrigens nicht; nach ein paar Minuten ging der Handel stets munter weiter.

Seit den anhaltenden Protesten hat der italienische Staat Flagge gezeigt. Zuerst wurden die Patrouillen stark mit Ordnungshütern aller Waffengattungen aufgestockt. Dann rückte medienwirksam der Innenminister an und versprach der Stadt besondere Zuwendungen für Kontrolleure. Und tatsächlich waren für ein paar Wochen die Schwarzhändler so gut wie verschwunden.

Mitten im Sommer 2002 konnte man rund um den Markusplatz einen großen Umzug tanzender und singender Afrikaner in ihren nationalen Farben erleben. Ein Verzweiflungsausbruch? Eine Gegendemonstration? Weit gefehlt. Die Senegalesen gingen auf die Straßen, um den Sieg ihres Teams gegen den Weltmeister Frankreich zu feiern und eine fröhliche Polonaise zu veranstalten. Da erwiesen sich dann auch ihre Widersacher, die Streifenpolizisten, als echte italienische Sportsmänner und winkten anerkennend herüber.

Schöner wohnen

Von allen Städten des Kontinents ist Venedig am gründlichsten von der modernen Architektur verschont geblieben. Es reicht, am Campo Manin die breitwürflig-scheußliche Bankzentrale der Architekten Scattolin und Nervi zu umschreiten oder die waschbetonierte Sporthalle im Stadtsechstel Castello als Widerspiegelung im Kanal zu betrachten, um sich ein neuzeitliches Venedig lieber gar nicht erst vorstellen zu wollen. Der Zauber dieses weltweit größten Denkmalensembles beruht, geschmückt von Juwelen wie den gotischen Kirchen und Solitärpalazzi, auf einer relativ homogenen Bebauung vom sechzehnten bis ins späte achtzehnte Jahrhundert, und zwar durchaus mit den modernen Techniken präfabrizierter Giebel, Fenstersimse oder Kamine. Doch anders als in der Brutalomoderne schufen die alten Baumeister Venedigs – glorreiche Künstler wie Sansovino, Longhena und Codussi –

aus den normierten Teilen eine lebendige Häuserlandschaft.

Versuche von Vorreitern der Moderne, sich auch in Venedig breitzumachen, wurden nach längerem Hickhack vereitelt – worüber heute nurmehr die wenigsten gram sind. Le Corbusiers Krankenhausbau von 1964 sowie Entwürfe von Louis Kahn und Frank Lloyd Wright kamen nicht zustande, während der heimische Carlo Scarpa sich vorwiegend als cooler Gestalter von Innenräumen austoben durfte. Bei einem Rundgang, vor allem in den Außenbezirken von Cannaregio und Santa Croce, fallen dennoch beachtlich viele Neubauten ins Auge, meist unscheinbare Wohnhäuser, die in alte Flächen für Werkstätten und Gärten eingepaßt wurden.

Und doch ist das Venedig von heute ein Tummelplatz der modernen Architektur. Nichts graust die Venezianer so sehr wie die Vorstellung, in einem Museum zu leben. Darum durften einige bedeutende Architekten Pavillons auf dem Gelände der Biennale errichten, wobei sie nur wenig Schaden an der Stadtsubstanz anrichten konnten. Alvar Aalto hat hier für Finnland gebaut, Gerrit Rietveld für Holland, der große Josef Hoffmann 1934 für Österreich, und der Brite James Stirling errichtete 1991 den Buchpavillon. Und um zu zeigen, daß hier keineswegs nur für die Symbolik, sondern fürs tägliche Leben konstruiert wird, hat Bürgermeister Costa unlängst Journalisten aus Amerika, England und Frankreich in großer Zahl eingeladen, um stolz die Bilanz dessen zu ziehen, was seine Vorgänger alles an spektakulären Projekten angeleiert haben.

Der von Tiepolo mit den opulent-erotischen Fresken der Kleopatra ausgemalte Festsaal des Palazzo Labia war der ideale Rahmen für diesen Konvent; wer den großen Worten der modernen Architekten nicht traute, brauchte nur den Blick über Karyatiden, Säulen und Gesimse schweifen zu lassen, brauchte nur den theatralischen Figuren Tiepolos in ihre Welt zu folgen, um die Gegenwart zu vergessen.

Immerhin sind die Venezianer vorsichtig im Umgang mit ihren baulichen Schätzen. Sie lassen darum zwar öffentlichkeitswirksam, jedoch lieber in den belastbaren Außenbezirken bauen. So darf sich der Deutsche Wilhelm Holzbauer an einem Technikpark im Industriehafen versuchen, Ugo Camerino entwarf die neue Abfertigungshalle der Kreuzfahrtdampfer, Frank Gehry den Flugplatz-Gateway und der Tessiner Neoklassizist Mario Botta erweiterte das Interieur der Museumsstiftung Querini-Stampalia.

Bei den meisten Projekten, etwa der vergrößerten Friedhofsinsel San Michele oder dem soeben wiedereröffneten Malibran-Theater, geht es um behutsame Restaurierungen oder gar Rekonstruktionen, die Besuchern als angenehm historisch in die Augen fallen werden. Auch bei Giorgio Bellavitis prächtig aufgeputztem Museum des neunzehnten Jahrhunderts, der Cà Pesaro, oder Aldo Rossis schwer in Gang gekommenem Wiederaufbau der abgebrannten Fenice-Oper dürfen sich unsere designenden Zeitgenossen als Zwerge auf den Buckel der architektonischen Riesen stellen, die Venedig zu der Stadt gemacht haben, die wir heute lieben. Nur die nötigsten Ergänzungen sind gestattet.

So könnte, auch dank der umständlichen Genehmigungsprozeduren von Italiens Baubehörden, Venedig weiterhin von spektakulären Eingriffen der Gegenwart verschont bleiben; allenfalls droht in den nächsten Jahren eine eher putzige und überaus nützliche Glasbrücke zwischen dem ultimativen Autoparkplatz Piazzale Roma und dem Bahnhof, dazu eine urbane Wiedereroberung maroder Hafenkühlhäuser für die Universität sowie die Bebauung eines Gasometergeländes mit Wohnungen.

Woher nimmt die kleine Stadt das viele Geld für all diese Prestigeprojekte? Es kommt, wie üblich, meist von außen. Mit dem Pfund ihres Weltkulturerbes wuchernd, sind die Venezianer aus Gewohnheit listig geworden, Geldgeber für ihre gigantische Altbausanierung herbeizuschaffen. Bürgern weniger privilegierter Kommunen paßt diese Vorzugsbehandlung schon lange nicht, so daß ästhetisch wertvolle Neubauten wenigstens den Neid von Restitalien mildern helfen: Es geht hier um die Kunst. So stammen also erkleckliche Summen für Neubauten aus dem stets erneuerten »Sondergesetz für Venedig«; selbstlose amerikanische oder britische Stifter restaurieren einzelne Paläste; große Behörden bis hin zum Straßenbauamt für ganz Nordostitalien residieren in Palazzi, die sonst nicht zu unterhalten wären; dazu kommt noch Geld von der Unesco und weltweiten Spendern.

Wo selbst die geölte Subventionsmaschine nicht mehr weiterhilft, dürfen Investoren ganze Areale in Hotels verwandeln, dem letzten lukrativen Gewerbezweig in der Monokultur der Lagune. Und das, obwohl die Venezianer jetzt bereits in der einzigen bedrohlichen Flutwelle unterzugehen drohen, vor der sie tatsächlich Angst haben: dem Tourismus. Trotzdem baut derzeit der Benetton-Konzern ein ehemaliges Kino-Areal hinterm Markusplatz sowie diverse Paläste zu gleich zwei Luxusherbergen samt Shopping-Galerie um, desgleichen komplett die verödete Insel San Clemente, auf der spätestens im Jahr 2004 ein Hotelkomplex mit allen Raffinessen seine Pforten für die Reichen dieser Welt öffnen wird. Vor einigen Wochen kündigte auch noch die Post an, ihre Hauptstelle im famosen Fondaco dei Tedeschi, dem uralten Handelshof der deutschen Kaufleute direkt an der Rialtobrücke, zu veräußern. Als Käufer kommt wohl nur eine Hotelkette in Frage.

So wird der Tourismus, an dem sie freilich gewaltig verdienen, weiter das Schicksal der Venezianer bleiben. Während Anwohner mancher Prestigebaustellen zu protestieren begonnen haben und Wohnungen für Normalverdiener immer seltener werden – allerdings noch lange nicht so horrend wie in den echten Metropolen Mailand oder Rom –, beginnt in diesen Tagen nach zwanzig Jahren des Tauziehens auch für den großartigen Industriekomplex der Stucky-Mühle, einem hanseatischen Entwurf von Ernest Wullekopf aus dem Jahr 1897, der Umbau in ein Hotel mit Luxusappartements und Geschäften. Bis 2007 soll in diesem neogotisch-nordischen Riesenklotz mit bestem Blick auf die Altstadt eine weitere 320-Betten-Herberge sowie ein Kongreßzentrum für anderthalbtausend Teilnehmer fertiggestellt sein. Nur das Schwimmbad konnten die Investoren aus Gründen der Statik auf dem Gelände nicht mehr unterbringen. Etwas in diesen Dimensionen hatte Venedig, der zierlichen Stadt, bisher noch gefehlt. Aber hatte es wirklich gefehlt?

Das freche Federvieh

»Ich bin die Taube von San Marco, was man da sieht, das ist ganz arg, oh!« Der Autor dieser Zeilen eines Wiener Couplets der Vorkriegszeit besass ausser einem Sinn für ausgefallene Reime auch echte Sehergaben. Was man am und auf dem Markusplatz heute Tag für Tag sieht, ist tatsächlich ganz arg. Tausende von Tauben mit ihren Federn und ihrem Kot, der Schlamm wiederholter Hochwasser am tiefsten Punkt der Stadt, der Müll der Touristen – all das hat ausgerechnet in Venedigs guter Stube, dem immer wieder so titulierten »schönsten Salon der Welt«, zu einem »Zustand der Verwahrlosung« geführt. Eine jüngst gegründete Notgemeinschaft von Anliegern und Geschäftsleuten hat dies auf Flugblättern deutlich formuliert und sich mit Demonstrationen und Infoständen an die Öffentlichkeit gewandt.

Und tatsächlich: Sogar noch abends, wenn sich das Federvieh längst auf die umliegenden Erker und Dächer zum Schlafen verzogen hat, liegt auf dem Platz ein Geruch wie in einer Hühnerfarm. Flaumfedern flattern herum, und überall am Boden findet sich Taubenkot, gegen den die venezianische Straßenreinigung nicht mehr ankommt. Während die manuelle Politur das Gelände nur wochentags bestreicht, kennen die Tauben weder Sonn- noch Feiertage. Es stinkt zum Himmel.

Vorbei die Zeiten, da dieser plumpe Vogel, der besonders auf San Marco an Bewegungsmangel und einseitiger Ernährung leidet, als Sendbote des Friedens oder Inkarnation des Heiligen Geistes taugen konnte. Vorbei auch die Tage des späteren Papstes Johannes XXIII., der sich als venezianischer Patriarch Angelo Roncalli von den Kathedralwächtern ab und zu ein Täubchen fangen und in der Bischofsküche zubereiten ließ; Taubensuppe mit Brotkruste gehört zu den großen Spezialitäten der venezianischen Küche, wenngleich man das fast nirgendwo mehr im Restaurant serviert bekommt. Doch obwohl die so voluminöse wie grundgütige Eminenz Roncalli sichtlich ein Gourmand war, würde sich der Kirchenfürst das Festessen vom eigenen Dach heute wohl nicht mehr antun. Die Tauben von San Marco bilden ein zerrupftes und verwahrlostes Heer, meist hoffnungslos mit Salmonellen infiziert und von Milben befallen. Es bedarf gar nicht erst eines Hochwassers, bei dem ein verendeter Vogel langsam durch den Narthex der Kathedrale treibt, um diesen unhaltbaren Zustand zu verbildlichen.

Dem touristischen Brauch, die alles andere als possierlichen Tierchen mit Futtermais zu versorgen, sie sich auf Kopf und Schulter zu gruppieren und sich bei diesem idiotischen Ritual auch noch fotografieren zu lassen, hat die Taubenkrankheit bisher keinen Abbruch getan. Manche juchzenden Reisenden erleben das Geflatter und Gepicke als Höhepunkt ihrer Tour; einmal bin ich ungarischen Bauern auf dem Vaporetto begegnet, die allen Ernstes einen Zentnersack Mais in einem Café abgeben wollten, »für die armen Vögelchen«. Und sogar unter Venezianern finden sich trotz eines Fütterverbotes immer wieder fehlgeleitete Tierschützer – alte Damen oder gebeugte Priester in Soutane, aber auch Ökologen im Strickpullover, die altes Brot oder Getreide an das Geflügel verfüttern, obwohl jeder weiß, daß der Kot Dächer und Giebel, Statuen und Pfeiler übel zerfrißt. Die Überpopulation der Tauben ist aus Venedig nicht wegzudenken, aber gerade von hier müßten diese »Ratten der Lüfte« unbedingt verschwinden.

So denkt außer den Geschäftsleuten an der Piazza San Marco und außer der Denkmalbehörde auch Venedigs Bürgermeister Costa. Schon sein Vorgänger hatte das Problem zu lösen versucht, indem er den Tieren Futter mit empfängnisverhütenden Mitteln untermischen ließ. Doch die Vögel erwiesen sich als unerwartet klug und mieden den Antibabymais. Nun ist die Stadtverwaltung wieder einmal zur Offensive übergegangen und hat Notverordnungen erlassen, die das Aufspüren von versteckten Nistplätzen zur Bürgerpflicht erklären. Außerdem wird den Taubenfutterverkäufern auf der Piazza verboten, weiterhin Päckchen mit einem halben Pfund Mais feilzubieten. Ab sofort sind hundert Gramm die Obergrenze, und das auch nicht mehr in Plastiksäckchen, sondern in umweltfreundlichen Papiertüten. Was außerhalb Italiens am leichtesten schiene, nämlich diese neunzehn ambulanten Händler, die auf zehn Standplätzen nach genauem Plan rotieren, kurzerhand polizeilich zu vertreiben, erweist sich hier als politisch heikel. Den Tauben ihr Futter zu nehmen, raubt den Händlerfamilien das Brot. Zudem ist mit Roberto Magliocco ausgerechnet ein Venezianer Vorsitzender des mächtigen italienischen Handelsverbandes, und der würde daheim keine Entrechtung seiner Klienten hinnehmen, ohne auf die Barrikaden zu gehen.

So wird es vor San Marco wohl bis auf weiteres stinken wie in einer Legebatterie. Und keinem Touristen kann man verbieten, nach Wunsch auch Kilo-Rationen an die struppigen Tierchen auszuteilen, wenngleich für ansehnliche Preise. Damit aber wenigstens das Image der Stadt nicht nachhaltig von Salmonellen und Taubenkot geschädigt wird, hat man zwei neue Poliermaschinen für die Piazza San Marco angeschafft. Um des sozialen Friedens willen dürfen zwar die Tauben weiter den Platz verunreinigen, aber um desselben sozialen Friedens willen wird dieser ab sofort besser geputzt.

Beinahe wären die zwei Hochleistungsschrubber der Marke »stone jet cleaner« noch am Denkmalschutz gescheitert, denn die historischen Marmorböden und -treppchen dürfen naturgemäß nicht beschädigt werden, wenn hier mit einem Druck von achtzig Atmosphären Kaugummis und hartnäckiger Taubendreck weggebohnert werden. Nach sorgfältigen Tests kam kürzlich die Freigabe für die Großreinigung, die fortan den gesamten Platz einmal täglich abwaschen und polieren wird. Die Tauben fliegen solange auf und lassen sich ein paar Meter weiter nieder.

34

Das Gedächtnis der Stadt

Mag es draußen auch noch so warm sein – der Direktor sitzt in Maßanzug mit Doppelmanschette und Seidenkrawatte in seinem Büro. Das Büro hat naturgemäß keine Klimaanlage. Der ältere Herr, der sich auch an einem schwülen Frühherbsttag nicht die geringste Nachlässigkeit gestattet, scheint durch die gewählte, fast schon flamboyante Kleidung jeden Hauch von Büromuff und Aktenstaub, der seinem Gewerbe seit je anhängt, von sich weisen zu wollen. Professore Paolo Selmi ist Direktor des Staatsarchivs von Venedig.

Wie er gekleidet ist, so spricht er auch: gewählt, mit fast schon ausgestorbenen Höflichkeitsformeln des Italienischen, mit überdeutlichem Zungenschlag und mit regelmäßiger Wiederholung der wichtigsten Sätze. Man merkt, daß er seit Jahrzehnten vor Studenten spricht, zuerst an der Universität von Padua, inzwischen an der Archivistenschule, die seinem Hause angeschlossen ist. Der Bestand, den Direttore Selmi verwaltet, ist untergebracht in den weitläufigen Baulichkeiten zweier ehemaliger Franziskanerklöster der Frari-Kirche. Doch finden sich hier nicht nur die entscheidenden Dokumente über die Geschichte Venedigs, sondern auch einzigartige Diplomatenberichte der Serenissima aus Frankreich, Deutschland, Rom und von der Hohen Pforte. Der reiche jüdische Quellenbestand wird von der Universität Jerusalem auf Mikrofilm gebannt und ausgewertet. Dazu kommen Akten aus der Terraferma, den überseeischen Besitzungen der Republik in Kreta, Zypern, Konstantinopel, auf dem Peloponnes und entlang der Adria.

Seit fast vierzig Jahren ist Professore Selmi im Archiv beschäftigt, und er spielt manchmal mit dem Gedanken, in Pension zu gehen: »Ich bin ein Nichts, mich wird man bald vergessen haben, aber all dies hier wird bleiben.« Die Forscher, die sich in die einzigartigen Bestände zur venezianischen Armenpflege, zu staatlichen Hydraulikmaßnahmen zwecks Erhaltung der Lagune, zu den Anfängen der doppelten Buchführung, zu den Kreuzzügen und zu den Türkenkriegen oder in die tausendjährigen Notariatsakten vergraben, kommen aus der ganzen Welt. Jedes einzelne Familienarchiv tausendjähriger Geschlechter wie der Mocenigo, der Gradenigo, der Grimani oder der Tiepolo würde ein gut ausgestattetes historisches Seminar lebenslang beschäftigen. Daß es in Amerika einen ganzen Berufszweig gibt, der sich »Venitianists« – Venezianologen – nennt, findet der Professor kaum kurios. Irgendwie ist er es, der diesen Leuten zu einem Auskommen verhilft.

Achtundsiebzig Regalkilometer – die Dependance auf der Giudecca-Insel eingeschlossen – können die Bestände nicht mehr fassen. Er benötige inzwischen hundertfünfzig, erzählt Paolo Selmi. Gerade eben sei ihm die Unterbringung von zwei Eisenbahnwaggons voller Akten avisiert worden, die passenderweise vom Berufsleben der venezianischen Eisenbahner handeln: Krankengeschichten, Kuren,

Unfallberichte – ein Quellenschatz zur Historie der Industrialisierung, den die privatisierten Staatsbahnen da bei ihm abladen. Immerhin, meint der Archivdirektor, machen sie es nicht so wie die Österreicher, als sie Mitte des vorletzten Jahrhunderts die originalen Abrechnungen des venezianischen Arsenals, also der ersten europäischen Werft, mit unschätzbaren Dokumenten ab 1261 einfach auf den Müll warfen. Einen echten Archivar schmerzt so ein Verlust noch nach hundertfünfzig Jahren.

Andererseits verdankt das Staatsarchiv erst den österreichischen Verwaltern seine Existenz; die Serenissima, die stets die Verwaltungskosten niedrig hielt und ihr Terrain dezentral verwaltete, sah in einem einzigen Sammelpunkt keinen Gewinn. Erst um 1820 kam daher unter dem verdienstvollen Vorgänger Jacopo Chiodo der Bestand von knapp dreihunderttausend Pergamenten und unzählbarem Aktenmaterial in diesen Mauern zusammen. Als Besonderheiten liegen hier auch noch an die vierzigtausend alte Land- und Seekarten sowie Hunderte von Eichmaßen, mit denen Venedig seine Gewichte normierte. Heute sind es fünfzig feste und vierzehn außerordentliche Kräfte, die das Gedächtnis von Venedig verwahren und erforschen.

Der Mann, dem das alles untersteht, hat eine Vorliebe für Zahlen. Während er uns mitnimmt auf einen labyrinthischen Rundgang durch die Gänge und Verliese seines Archivs, erinnert uns der Direktor aus dem Gedächtnis an die Zahl von 368 Zimmern mit 1104 Fenstern, die seine Institution zu putzen, zu schließen und zu streichen hat. Nicht weniger als neun Baustellen befinden sich derzeit im Archiv, das ist völlig normal bei einem Gebäude aus dem hohen Mittelalter, das im Barock gründlich erweitert wurde und jetzt an allen Ecken zu bröseln beginnt. Fast vier Millionen Euro wurden in den letzten Jahren in den Brand- und Hochwasserschutz investiert, wobei schwer zu beurteilen ist, was für die Bestände verheerender wäre: Feuer oder Wasser oder beides zugleich. Das Parterre ist inzwischen von einer Betonwanne mit einer Höhe von zwei Meter über Normalnull umschlossen; das bisher schlimmste Hochwasser der Geschichte – eine weitere Zahl, die man in diesen Wänden nicht vergessen hat – lag bei einsvierundneunzig. Jeden Abend schließt ein Verantwortlicher, meist ist es der Chef selber, die Plastiksperren an den Zugängen der Betonwanne mit einer besonderen Hydraulik.

Um einer Feuersbrunst vorzubeugen, mußten die Bauarbeiter zahlreiche hölzerne Regale und Treppen herausreißen und durch stählerne Pendants ersetzen, doch Stahl ist anfällig gegen die venezianische Feuchtigkeit, rostet und muß regelmäßig angestrichen werden – ein neues Problem. »Ich erzähle Ihnen lieber nicht, wie es hier ausgesehen hat, als die Sprinkleranlage eingebaut wurde«, seufzt der Professor und streicht zärtlich über eine bestaubte Fensterbank. Er muß sich häufig die Nase putzen, denn er ist allergisch gegen Staub, was in seinem Metier eine echte Strafe ist.

Nach einem Gruß für den patrouillierenden Feuerwehrmann weist er auf ein Gelände draußen, das einmal ein herrlicher Klostergarten war, inzwischen aber eher einem der vielen Brachgrundstücke im Hafengebiet gleicht. Darunter befinden sich jetzt die Tanks für ein Spezialgas, das Brände im Keim ersticken soll. »Der Garten ist nun leider hin«, sagt der Professor etwas wehmütig, »der Architekt kam aus Rom ...« Andererseits scheint kein Opfer zu hoch, mitten in der Altstadt dieses Archiv für kommende Zeiten zu überliefern. Die Welt weiß seit dem Brand des Opernhauses »La Fenice«, wie kompliziert in einer Stadt voller Wasser das Löschen ist. Professore Selmi öffnet die Tür zu einem neuen endlosen Gang voller Regale, diesmal mit Akten der venezianischen Waldkataster, und rückt beiläufig die Dimensionen zurecht: »Mit der Oper sind nur ein paar auf alt gemachte Stühle verbrannt, hier wäre es das Gedächtnis einer ganzen Kultur.«

NAPOLEONE JESURUM

Nie wird er vergessen, wie er 1943 aus seiner Heimatstadt flüchten mußte, als Halbwüchsiger, versteckt in einem Lastwagen, in Todesangst. Napoleone Jesurum hat den Holocaust in der Schweiz überlebt, nach einer abenteuerlichen Flucht. Die meisten venezianischen Juden konnten den Todeslagern entgehen, weil Anfang Dezember ein Mitarbeiter der Polizei die Razzien telefonisch angekündigt hatte. Wer die Warnungen in den Wind schlug, wer in den Spitälern lag, wer zu alt war oder zu arm oder wer auf der Insel San Clemente in der Irrenanstalt saß, der wurde von faschistischen Kommandos deportiert. Über hundertfünfzig Kleinkinder, Alte, Mütter und aufgespürte Versteckte endeten in Auschwitz, darunter der Oberrabiner Adolfo Ottolenghi, der das Schicksal seiner Glaubensgenossen freiwillig teilte. Der Gemeindevorsteher, Professor Giuseppe Jona, hatte sich bereits im September 1943 umgebracht und zuvor die Mitgliederlisten vernichtet, damit sie nicht in die Hände der Faschisten fielen.

Napoleone Jesurum erzählt, daß er erst durch die von Mussolini übernommenen Rassengesetze des Jahres 1938 begann, sich als Jude zu begreifen. Die Familie war assimiliert, man wohnte in der Nähe von San Marco, der Vater arbeitete bei der Stadtverwaltung. In der Schule hatte der kleine Leo fleißig bei den faschistischen Sport- und Schulwettbewerben mitgemacht, hatte den Sieg der italienischen Armee in Äthiopien patriotisch bejubelt. Als er seine Medaillen wieder abgeben mußte, hatte er geweint. Auf die Ehrenzeichen des Duce zu verzichten, war noch schlimmer, als die Schule zu verlassen. Nach 1938 wurde dann der Druck immer demütigender. Der Vater verlor seine Arbeit, die Familie verarmte. Am Lido wurde der Aufenthalt am Strand »für Hunde und Juden verboten«; auf Parkbänken durfte kein Jude mehr Platz nehmen; Juden hatten Lokalverbot in den Hotels, Osterien und Kneipen; in den Zeitungen von Venedig wurde immer offener gegen die »Ebrei« gehetzt. Noch Anfang der vierziger Jahre nutzten viele die Laxheit der Hafenbehörden, um sich auf Handelsschiffen bis in die Levante, bis Palästina durchzuschlagen.

Als die Familie Jesurum 1945 zurückkehrte, war alles anders – und alles gleich geblieben. Das Hab und Gut war konfisziert worden, zahlreiche Freunde und Verwandte hatte man umgebracht. Und doch herrschte nach dem Krieg weitgehend dieselbe mitleidlose Gleichgültigkeit wie in den Jahren nach 1938: »Es wurde nicht über den Holocaust gesprochen.« Napoleone Jesurum half mit, die ins Mark getroffene, uralte Kultur der venezianischen Juden wieder aufzubauen und gründete eine zionistische Pfadfindergruppe. Dann ging er zum Studium nach Padua, machte eine Managerkarriere in Mailand. Er wollte nicht mehr in der Stadt leben, aus der er vertrieben worden war.

Bis 1999. Er weiß heute noch nicht genau zu sagen, warum er mit seiner deutschen Frau wieder zurückkehrt und eine Wohnung bezog, von der aus er dieselben Kanäle sieht, dieselben Kirchenglocken hört, dieselben Wege geht wie als kleiner Junge vor der Katastrophe. Wie damals, als deutsche Soldaten durch die Gassen patrouillierten und Schwarzhemden ihre Parolen grölten. Jetzt zeigt er im Boot den Enkelkindern die Lagune, staunt über die lange verdrängten Erinnerungen und läßt in Erzählungen das Venedig seiner Kindheit wiedererstehen – die stille, beschauliche Stadt, in der er die jüdische Mittelschule besuchte und in den Synagogen altertümliche Liturgien sang, die er später beinahe vergessen hätte. Heute ist er Generalsekretär der jüdischen Gemeinde, und es steigen ihm diese Gesänge im samstäglichen Gottesdienst wieder aus einem abgelegenen Winkel der Erinnerung auf. Und der feine ältere Herr knüpft nach fünfzig Jahren wieder an eine Kultur an, die zusammen mit ihm und seiner Familie ausgerottet werden sollte.

Die Jesurums stammen von spanischen Flüchtlingen aus dem sechzehnten Jahrhundert ab, die sich wie viele Vertriebene im Ghetto niedergelassen hatten. Die Großeltern haben die Spitzenklöppelei in der Stadt zur Industrie gemacht. Und doch zeugt der Vorname Napoleone von einem ambivalenten Verhältnis zur Vaterstadt. Denn derselbe Napoleon Bonaparte, der den Ghettojuden endlich Freiheit und Bürgerrechte gab, versetzte der Republik Venedig 1797 auch den Todesstoß.

Daß jeder Fortschritt unweigerlich mit einem Bruch der Tradition verbunden ist, empfindet auch der zurückgekehrte Napoleone Jesurum. Denn er ist jetzt kein waschechter Venezianer mehr. Er ist in einem langen Arbeitsleben zum Mailänder geworden, effektiv, geschäftsmäßig, ein wenig ungeduldig. Und Venedig ist immer noch die selbstgenügsame, umständliche Kleinstadt, in der man sich seit Generationen untereinander kennt und nichts ohne Not und ohne langes Palaver verändert. So ist es in der Lokalpolitik, so ist es in der jüdischen Gemeinde, so ist es im normalen, gemütlichen Alltagsleben in den Gassen und kleinen Geschäften.

In diesem Venedig, das sich seit Jahrhunderten weniger verändert hat als jede andere Stadt Europas, erscheinen jetzt vor dem inneren Auge Jesurums an jeder Ecke alte Läden, untergegangene Moden, veraltete Gesten und vergessene Gesichter aus einer Welt, die es schon lange nicht mehr gibt. Oft fühlt er sich dann wieder wie der kleine Junge von einst, und er mahnt sich mit melancholischem Lächeln, sich nicht zu sehr zu beeilen auf seinem Weg zur Synagoge.

Zuweilen kommt er am Mahnmal der Ermordeten vorbei, auf dem die Namen seiner Verwandten verzeichnet sind, welche die telefonische Warnung damals nicht vor der Deportation bewahrt hat. Wer der Mann war, der am 4. Dezember 1943 die jüdischen Familien informierte und damit hunderte Menschenleben rettete, hat sich übrigens nie herausgestellt. Aber wohl auch seinetwegen ist Napoleone Jesurum nach Venedig zurückgekehrt.

36

Im Reich der Bilder

Spielt es für die Kinder auf dem Comicbasar von Mestre eine Rolle, ob ihre eigene Stadt in den Bildergeschichten auftaucht? Oder sind sie generell – wie Kinder und Jugendliche auf dem ganzen Planeten – begeistert von den bunten und phantastischen Welten, in die Comic Strips sie entführen? Mestre, die moderne und geschäftige Vorstadt des alten Venedig, ist mit seinem Verlagshaus Rem und einer gleichnamigen Schule für Comiczeichner und Szenographen eine kleine Metropole dieser Kunst. Darum wird hier auch jedes Jahr, meist im September, eine Comicmesse abgehalten. Im symbolträchtigen Jahr 2001 stand naturgemäß der Weltraum und dessen berühmtester italienischer Erkunder Nathan Never im Mittelpunkt der Feierlichkeiten. Die bedeutendsten Science-Fiction-Zeichner, die merkwürdigerweise fast alle aus Sardinien stammen, begegneten ihren kleinen und großen Bewunderern, und eine Sonderschau im Kulturzentrum von Mestre öffnete Fenster ins All, das ja nicht erst mit Tim und Struppis abenteuerlicher Mondreise zum Spielraum des Comics wurde.

Doch wie immer ist es nicht das aschenputtelhafte Mestre, sondern das alte Venezia am anderen Ende des Damms, das auch der Geschichte des Comics, wie der Geschichte überhaupt, seinen Stempel aufgedrückt hat. Was für Maler und Regisseure zutrifft, gilt auch für Zeichner aus aller Welt: Die Umrisse der Palazzi, das Sfumato der Lagunenluft und die stillgelegte Atmosphäre der Stadt sind eine unerschöpfliche Quelle der Bilderproduktion. Zu Traumgesichten und Abenteuern inspirieren die Legenden und Histörchen der Stadt ohnehin, das passende Ambiente kann man dann mühelos von der Wirklichkeit abkopieren.

Mit Hugo Pratt hat Venedig einen der ganz Großen unter den Comiczeichnern hervorgebracht. Zwar verschlug ihn sein Abenteuerleben schon als Kind nach Abessinien, später nach Argentinien und England, bevor er 1995 in Lausanne starb. Doch sein Leben lang kehrte Pratt immer wieder in sein Venedig zurück – die Stadt, aus der auch seine berühmteste Schöpfung stammt: Corto Maltese. Dieser Seemann ohne Hafen, dieser Melancholiker in den Ruinen Alteuropas und seiner Kolonien durfte die Existenz leben, die Pratt für sich selbst erträumt hatte. Als Jäger verlorener Schätze und Bewunderer schöner Frauen evoziert Corto Maltese, stets mit maritimer Mütze, das Lebensgefühl untergegangener Pracht und verborgener Geheimnisse, das sein Vater Pratt aus Venedig in die Welt mitnahm. Die geheimnisvollen Gassen und Plätze, vorzugsweise rund ums alte Ghetto mit Namen wie »Hof des goldenen Arabers«, »Durchgang der bösen Gedanken« oder »Brücke der Nostalgie« gibt es im echten Venedig zwar nicht, aber immer noch ist die Stadt voll von sinistren Sonderlingen und gestrandeten Existenzen, wie sie für Corto Maltese in Gestalt des Riesenbabys Böeke, des Gondolieres Schicksalsauge, der Taubenfutterverkäuferin mit der silbernen Beinprothese, des allwissenden Rabbiners Melchisedech oder des freimaurerischen Sterndeuters Dr. Teone hinter jeder Ecke auftauchen.

Hugo Pratt hatte Venedig, die Stadt versteckter arabischer Edelsteine und bedrohlicher Geheimgesellschaften, auf der knittrigen Weltkarte des Comics verankert. Der Franzose Gilles Chaillet überführte in den Abenteuern seines mittelalterlichen Kaufmanns Vasco diese esoterische Version in historische Genauigkeit, blieb aber dem orientalischen Grundton verhaftet. In einem Venedig wie aus dem historischen Bilderbuch verliebt sich der schöne Vasco in eine byzantinische Prinzessin, trifft den Dichter Petrarca und wird in die Verschwörung des Dogen Marin Falier verwickelt, der 1355 unter der Treppe des Dogenpalastes enthauptet wurde.

In Frankreich war man natürlich auch an einer Visualisierung der Liebeshändel Casanovas, der Straßenszenen Goldonis und der Konzerte Vivaldis interessiert. Den vermeintlichen Niedergang der Luxusmetropole in den endlosen Feierlichkeiten des achtzehnten Jahrhunderts beschwören gleich zwei Comicreihen. »Venezianische Suiten« von Warnauts/Raives sowie »Giacomo C.« von Dufaux/Grillo schildern genüßlich ein Venedig der dämonischen Meuchelmörder und schmachtenden Kurtisanen, allgegenwärtiger Sbirren und perverser Lüstlinge. Naturgemäß sind diese opulent illustrierten Comics in Nebeldünste und Fackelflackern getaucht, während mancher Schlagschatten in tiefe Dekolletés fällt, um nie mehr zurückzukehren. Auch hier spiegelt die mit großer historischer Sorgsamkeit gezeichnete Venedigversion weniger die geschichtlichen Ereignisse als unsere moderne Projektion wider, die in der Stadt das Lebensgefühl von Spätlingen einer großen, aber versinkenden Kultur lokalisiert.

»Der Schatten der Lagune« von den Comicautoren Corteggiani und De Vita treibt dieses Zerrbild noch weiter. In ihrem Venedig des Jahres 2017 werden die spärlichen Disneylandfassaden von Markuskirche und Dogenpalast überwölbt von einer schwarzen Skyline himmelhoher Wolkenkratzer. Während die Touristenmassen über hermetische Stege entlang der Kulissen trotten, hausen auf dem Ground Zero der alten Gassen Millionen von Ratten und furchtlose Gangster. In einem der wenigen überlebenden Palazzi geht der verfettete Erzbischof mit willigen Mädchen und Knaben seinen Gelüsten nach. Wundert es uns, daß diese Megalopole von einem rächenden Unhold heimgesucht wird, dem die ätzenden Abwässer der Lagune das Gesicht zerfressen haben?

In der gemütlichen Stadt jenseits der Comicwirklichkeit empfindet man solche Horrorszenarios als bestenfalls kurios. Nicht einmal Venezianer wissen gewöhnlich, daß in ihrer Stadt bald nach dem Zweiten Weltkrieg eine regelrechte Comicschule entstand, deren Protagonisten und Texter – Dino Battaglia, Paolo Campani, Alberto Ongaro – in Südamerika lange Zeit berühmter waren als daheim. Immerhin findet sich unweit der Universität, am Campo Santa Margherita, der kleine Comicshop »Solaris Due«, wo man die Gegenwart Venedigs in dieser Kunstform überprüfen kann. So existieren japanische Mangas von Keiko Ichiguchi, in deren schrägen und wackligen Vexierbildern Venedig eine Optik erhält, wie sie vielleicht auch die japanischen Schnelltouristen wahrnehmen.

Immer aber bleibt dieses Ensemble von Palästen und Kirchen ein Hort des Geheimnisvollen und Morbiden, da kann sich auch der Comic nicht aus der Matrix befreien, die Literatur, Reiseberichte und Malerei schon vor Jahrhunderten geformt haben. In der Bildgeschichte »Ein Haus in Venedig« des italienischen Gespanns Mattioli/Vinci verliebt sich eine lebensfrohe, hippe Kunststudentin gar in einen untoten Patrizier, an dessen kalter Brust sie schließlich den Liebestod in der Lagune stirbt – das ist die vorläufig neueste und doch uralte Bildlegende aus dem Jahr 1999.

Kein Zweifel besteht, daß die Comicverwertung von Venedig weitergehen wird. An jeder Ecke kann den heutigen Besuchern wenn schon nicht das maskierte Gespenst oder die unnahbare Schöne aus einem Comic begegnen, wohl aber ein hektisch kritzelnder Zeichner auf der Suche nach Inspiration. So provinziell die Kleinstadt heute wirkt – als Geschichten- und Bilderreservoir nimmt sie es mit jeder Metropole auf. Damit straft das Gewerbe seinen emblematischen Helden Corto Maltese Lügen, der als Kreuzung von Casanova und Marco Polo die Traumstadt immer wieder verlassen muß, um auf ewig an sie gebunden zu sein. »Sicher, Venedig ist wunderschön«, räsoniert Corto Maltese vor der detailliert gezeichneten Fassade von San Marco, »wenn ich hierbliebe, würde ich ihrer Faszination erliegen und faul werden. Venedig wäre mein Ende.« Dann geht er durch ein verwunschenes Portal im Ghetto, und eine neue Geschichte beginnt.

GUTENBERGS ERBE

Wer durch das winzige Fenster in den Laden lugt und Gianni Basso zwischen seinen Maschinen werkeln sieht, der fragt sich unwillkürlich, ob das hier eine Buchdruckerei ist oder eher ein Museum. In der Calle del Fumo hat die kleinste, aber feinste Offizin der Stadt ihren Platz gefunden – der letzte Ort, an dem die ehrwürdige Kunst des Drucks mit beweglichen Lettern noch so maschinell ausgeübt wird, wie sie hier 1489 mit dem hochberühmten Aldus Manutius kulminierte. Dieser Gelehrte war einer der ersten, der die neue Technik aus Deutschland importierte. Als Gräzist gab er nicht weniger als 28 antike Klassiker im Druck heraus, dazu noch allerhand unschätzbare Wörterbücher der Klassischen Sprachen. Die 130 sogenannten »Aldinen« werden bis heute von Kennern bewundert.

Unter Manutius, seinem Sohn und seinem Enkel wurde Venedig zu einem der Zentren des Drucks. Der Bücherwurm Erasmus von Rotterdam hielt das gelehrte Haus des Manutius gar für die Hauptsehenswürdigkeit der Stadt, die um 1550 rund fünfundsechzig Buchdruckereien zählte – mehr als jede andere Metropole. Auch viele der frühesten Notendrucke stammen aus Venedig. Schriftsetzer und Illustratoren gab es hier nach Tausenden, denn die Venezianer, die aus begründeter Vorsicht keine Universität in der Lagune wollten, hatten das wirtschaftliche Potential der neuen Technologie gleich durchschaut und belieferten die ganze Welt mit Gedrucktem. Gianni Basso, der dies gewaltige Erbe allein auf seinen Schultern trägt, weiß zwar alles über Manutius, doch macht er seine Anleihen lieber direkt beim ersten und größten seiner Zunft: »Johannes Gutenberg« – so ehrt ein selbstgemaltes Schild an der unverputzten Wand den Erfinder dessen, womit Gianni sein Geld verdient.

Die urtümlichen Pressen und Tintenwalzen, die Papiersortierer und Setzkästen hat Gianni allesamt bei bankrotten oder dichtgemachten Druckereien Venedigs zusammengesammelt. Während alle Welt auf Computer und Laserdruck umstellte, richtete sich der eigenwillige Mann in seinem ganz persönlichen Museum ein. Supermoderne Elektronik kommt ihm niemals über die schmale Schwelle, nicht einmal ein Fax hat er, obwohl das die Bestellungen sehr vereinfachen würde. Und selbst das Bakelit-Telefon, der einzige Kontakt mit der Außenwelt, stammt aus den fünfziger Jahren. Erlernt hat Gianni seine Kunst bei den graubärtigen Armeniermönchen auf der Laguneninsel San Lazzaro. In dem dortigen Exilkloster besteht eine zweihundert Jahre alte Tradition, kostbare Kaukasusklassiker zu drucken, und Gianni lernte hier sogar die armenische Schrift zu lesen.

Nach fünfzehn Jahren eröffnete er schließlich sein eigenes kleines Geschäft, das mit seinen fünfunddreißig Quadratmetern gleichzeitig Werkstatt ist. Sein Vorgänger hatte sich hier mit Totenbriefen und Danksagungen nur knapp über Wasser gehalten; der Friedhof liegt gleich gegenüber. Gianni, der sich als notorischen Einzelgänger und bewußt Rückständigen bezeichnet, tüftelt mit Lithographie, mit Xylographie herum, probiert die verschiedensten Büttenpapiersorten aus, mischt selber Farben an und schneidet sich bis heute aus alten Folianten Vignetten und Wappen dazu. Hinzu kommen noch eine exquisite Sammlung alter Druckstöcke sowie Typen für festliches Papier. Ganze Bücher bekommt er natürlich als Ein-Mann-Betrieb nicht hin. Dafür mußte er sich jetzt zähneknirschend doch ein wenig ans Computerzeitalter anpassen: Viele Kunden verlangten partout ein modernes @ für ihre elektronische Adresse. »Das sieht so häßlich aus«, jammert Gianni, der das Zeichen selber schnitzen mußte.

Daß hier Besonderes entsteht, sprach sich schnell herum. Heute beliefert Gianni Basso Kunden in der ganzen Welt. »Von den geizigen Venezianern könnte ich nicht leben, die machen gerade einmal zehn Prozent der Kunden aus«, schimpft der Mann, der gerne über den Jetset und die Geldgier der venezianischen Oberschicht wettert, nur halb im Ernst. Gerade hat er ein Päckchen mit Visitenkarten für einen Kunden in Berlin fertiggestellt, danach kommen Exlibris für San Francisco und Weihnachtseinladungen für Stuttgart dran. »Die Schwaben«, wundert sich Gianni, »planen offenbar gerne weit im voraus.« Vor allem sein Briefpapier mit Vignetten in Sepia und venezianisch Rot ist eine Kostbarkeit. Die Spezialität sind Motive aus der Stadtgeschichte: Markuslöwen, gotische Fassaden, Kuppeln oder Kapitelle, wie man sie vor der Tür an jeder Ecke findet, deren Schönheit man aber oft erst im Druck gewahr wird. Aber auch die anderen Motive sind mit großem Geschmack ausgesucht: Fruchtschalen, eine einsame Palmeninsel, ein Phönix, Sanduhren, Putti – man hat die Wahl unter hunderten Ikonen des europäischen Humanismus.

Unter den Kunden, deren Karten Gianni ausgelegt hat, sind Prominente wie der amerikanische Autor Scott Turow oder der Pariser Modemanager Pierre Bergé, aber ebenso die Filmkritikergilde, die alljährlich zu den Festspielen bei ihm vorbeischaut. Auch der Lyriker Joseph Brodsky kam stets mit neuen Aufträgen; jetzt liegt er quasi in Sichtweite auf der Friedhofsinsel begraben. So wurde Gianni Basso, der waschechte Venezianer und Sohn eines Rudermeisters, zum Lieferanten japanischer Reiki-Dozenten in London, isländischer Professorinnen, New Yorker Psychoanalytiker und holländischer Hoteliers. Nie würde er über die Touristenmassen klagen, von denen er schließlich lebt, weil sich ein exklusiver Anteil bei ihm das speziellste und persönlichste Souvenir Venedigs besorgt. Japanischen Touristen zeigt er gerne beim Bezahlen einen Dollarschein in der Schublade und fragt, ob sie noch mehr davon wollen – er stelle sie abends selber her. »Diese Japaner haben einen anderen Humor als wir«, hat er mit der Zeit bemerkt, »die laufen dann immer schreckerfüllt weg.« Überhaupt hat Gianni die ganze Welt im Blick, wenn er mit seinen Kunden verkehrt. So schwört er Stein und Bein darauf, daß die Amerikaner nach dem 11. September viel leiser, schüchterner und nachdenklicher geworden seien.

Ob die Tradition, die von Johannes Gutenberg über Aldus Manutius bis zu Gianni Basso reicht, auch nach ihm weitergehen wird, ist alles andere als gewiß. Gianni beschäftigt keinen Lehrling, und seine Kinder haben auch andere Wege eingeschlagen. Er erzählt, daß er sowieso niemanden ausbilden dürfte, denn sein altertümlicher Maschinenpark entspricht genausowenig den Normen wie die finstere Werkstatt mit ihrem unebenen Boden. Allerdings wirkt Gianni, während er sein rauschendes Transistorradio für ein Jazzprogramm anstellt, nicht gerade traurig darüber, daß er auch in Zukunft ganz allein seine Waren drucken wird.

Hoher Besuch

»Venedig im Visier von Terroristen!« Es ist schwer zu sagen, ob italienische Zeitungen mit solchen Schlagzeilen Auflage machen wollen, oder ob es je konkrete Anzeichen für Anschläge gab. Von den vier potentiellen Zielen mit der höchsten Gefährdungsstufe in Italien sollen sich – außer dem Vatikan und der Altstadt von Florenz – immerhin gleich zwei in Venedig befinden: die Kathedrale von San Marco und insbesondere die Fabriken von Marghera. Daß direkt gegenüber von Venedig einer der größten Ölhäfen Europas mit Raffinerien und Chemiewerken liegt, ist sowieso schon ein Skandal. Seit den sechziger Jahren überqueren täglich viele Dutzende von Passagiermaschinen die Tanks mit tödlichem Gift. Als wäre Venedig mit tausenden uralter Paläste und Brücken mitten im Wasser nicht schon gefährdet genug, hat man nach dem Zweiten Weltkrieg die endgültige Bombe für dieses Ökosystem fest installiert. In den Tagen nach dem 11. September schien dieser Wahnsinn den Venezianern erst wieder richtig ins Bewußtsein zu gelangen.

Im Golfkrieg und auch im Kosovo-Einsatz, als Nato-Bomber allnächtlich über die Stadt donnerten und sogar unbenutzte Bomben in der Lagune abwarfen, schützten Soldaten mit Abwehrraketen den Ölhafen, dessen flammende Schornsteine, Docks, Pipelines, Gasometer und Silotanks gespenstisch mit der Silhouette der Altstadt kontrastieren. Die letzte Truppe, die wenigstens einen Hauch von Sicherheit für Marghera garantieren konnte, das Flugabwehrregiment im nahegelegenen San Donà, wurde Ende Oktober 2001 aufgelöst. In den Wochen danach ging in der Stadt gelinde die kriegsübliche Hysterie um. Hundertdreißigtausend Tonnen Benzin in einer Einflugschneise direkt am berühmtesten und fragilsten Meeresbiotop der Welt – das macht sogar den Experten Sorgen. Die drei Tonnen tödliches Nervengas, auf die man zur Plastikproduktion nicht zu verzichten können glaubt, wurden bereits vor Jahren in einen doppelt gepanzerten Sicherheitstank überführt – nachdem ein abgestürztes Militärflugzeug das Depot nur um ein paar Meter verfehlt hatte.

So bleibt den Venezianern nichts anderes übrig, als auf die massive Präsenz staatlicher Ordnungshüter in ihrer Stadt zu vertrauen: Es gibt – neben der normalen Polizei – große Kasernen der Carabinieri, der Wasserschutzpolizei, der Finanzpolizei; mit dem Arsenal gehört ja ein Gutteil der beengten Altstadt dem Militär, das hier sogar Fregatten und U-Boote liegen hat. Aber ist das ein Schutz? Läßt sich Venedig, das über Jahrhunderte aufgrund seiner Untiefen, seiner Flotte und Wasserbollwerke keinen Feind zu fürchten brauchte, heutzutage überhaupt sichern? Seit dem 11. September tagte regelmäßig ein städtischer Krisenrat. Die Kontrollen am Flughafen wurden wie überall verschärft, aber auch das Gepäck der vielen Tausenden von Reisenden, die in Venedig jährlich ihre Kreuzfahrtschiffe besteigen, wird seitdem durchleuchtet. Das gesamte Hafengebiet ist sowieso schon Tag und Nacht abgeriegelt. Dennoch hat mir ein Mitglied des Sicherheitsrates neulich gestanden, daß man im Grunde nicht viel tun kann. Venedig ist eine offene Stadt.

Denn die komplette Abriegelung des Festlandsdamms kommt natürlich ebensowenig in Frage wie eine Sperrung ganzer Inseln. Venedig lebt vom Besuch der ganzen Welt. Schon die Abschottung der Klosterinsel San Giorgio brachte der Stadt den Ausnahmezustand, als sich die wichtigsten Staatschefs hier 1980 und 1987 zu Weltwirtschaftsgipfeln trafen, auf denen man es sich damals offenbar noch gemütlich machen konnte. Heute, da solche Treffen regelmäßig Anlaß zu Krawalltourismus bieten, käme wohl niemand mehr auf die Idee, die Stadt solcher Gefährdung auszusetzen.

Die Großen der Welt bleiben der Stadt trotzdem keineswegs fern. Als im Jahr 2000 die damalige amerikanische Außenministerin Albright im Hotel Monaco abstieg, mußten die gegenüberliegenden Palazzi am Canal Grande geräumt und alle Fenster abgedunkelt werden. Es wimmelte von Sicherheitsbeamten des CIA. Bei einem Einkaufsbummel der imponierenden Dame in Murano – sie kaufte zum Verdruß der Händler jedoch nur Kleinigkeiten – kam der Bootsverkehr beinahe zum Erliegen, weil sie sich unter anderem von einer kleinen Fregatte eskortieren ließ. Als der Besuch nach drei Tagen zu Ende ging, freute sich die ganze Stadt über das Ende des Ausnahmezustands. Kurz darauf kam es allerdings noch schlimmer: Der österreichische Provokateur Haider besuchte Venedig, Hubschrauber kreisten über den Kanälen und ganze Fußwege wurden abgeriegelt.

Wie anders bewegte sich doch zu Ostern 2001 unser Bundeskanzler in der Stadt! Er kam ganz privat und stieg im bescheideneren Hotel Gabrieli-Sandwirth ab. Es war schon fast ein Zufall, daß ihn ein Fotograf beim rituellen Morgencappuccino im Café Chioggia auf der Piazzetta erkannte. Das Foto ging damals durch die Medien, weil der Kanzler kurz zuvor die vermeintlichen Arbeitsscheuen und Drückeberger in Deutschland attackiert hatte und nun in der Frühlingssonne des Markusplatzes ausspannte – eine Inkarnation des Dolce Vita. Bei seinen Bootsauflügen und Shoppingtouren wurde der relaxende Kanzler dann nicht weiter behelligt. Als wir bei unserem Abendspaziergang entlang der Riva degli Schiavoni einen einsamen alten Carabiniere vor des Kanzlers Herberge seine Zigarette rauchen sahen, erschien uns Deutschland wieder einmal als überaus sympathisches, weil friedlich und bescheiden gewordenes Land. Wie hätte Venedig wohl bei einem Besuch von Schröders britischem oder spanischen Kollegen ausgesehen? Wie eine Festung! So aber war selbst der einsame Wächter gegen halb elf unterm Kanzlerfenster verschwunden, ohne daß es die staatliche Sicherheit gefährdet hätte.

Noch geschickter machen es Politiker, die ganz inkognito nach Venedig reisen. So schaute ich einmal bei einer Besorgung in der Stadt unvermittelt dem ehemaligen niederländischen Ministerpräsidenten, der auf offiziellen Bildern immer so unnahbar wirkte, leibhaftig ins Gesicht. Mijnheer Kok in Kordhose und kurzärmligem Hemd blickte seinerseits noch verdutzter, weil er sich von Venezianern erkannt fühlte und offenbar verärgert war, daß er nicht einmal mehr hier seine Ruhe hatte. Und als ich neulich beim Metzger stand, schaute ein neugieriger Tourist durch die Auslagen herein. Ich rief: »Das ist der Mann der Königin von Dänemark!« und zeigte auf den Herrn, der die älteren Damen da quer über Koteletts und Gehacktes anlächelte. Doch die würdigen Venezianerinnen, die ich für Leserinnen der Klatschpresse gehalten hatte, drehten sich gar nicht um. »Die kommen doch sowieso alle hierher«, meinte der Metzger fast verächtlich und säbelte weiter am Filet. Hoffentlich behält er recht.

DER BETTELMÖNCH

Wenn er in Jeans und Windjacke eilig das Fallreep eines Frachters hochsteigt, wirkt Mario Cisotto wie ein Matrose. Seit 1997 arbeitet er als Seemannspriester im Hafen von Venedig, und der Franziskaner hat sich seither in vielem an die Lebensweise der Seefahrer angepaßt, nicht nur in Bezug auf die sportliche Kleidung. Außer Padre Mario haben die hunderttausend Arbeiter aus aller Welt, die jährlich in Venedig anlegen, keinen Menschen, der ihnen hilft oder auch nur Hilfe vermittelt. Venedig verdient zwar mit seinem Hafen ebensoviele Milliarden wie mit dem Tourismus. Doch die Matrosen, die Waren und Geld in die Region bringen, hat man dabei übersehen.

Das fängt schon mit der Logistik an. Wer sich mit dem Auto in die Docklandschaft von Marghera, gleich vor dem Damm zur historischen Altstadt, verirrt, der findet surreale Hinweisschilder Richtung Athen oder Korinth, das heißt zu den griechischen Fährschiffen. Ein Fremder aber, der hier an Land geht, weiß nicht, wo er die nächste Telefonzelle findet, den nächsten Supermarkt oder einen Friseur. »Die ärmsten Kerle«, sagt Padre Mario, »sind die Matrosen auf den Containerschiffen, die haben durch die Krantechnik und die ausgefeilten Routenpläne meist nur ein paar Stunden Landgang, manchmal auch mitten in der Nacht.« Solche Fahrensleute, die zuweilen monatelang keinen festen Boden unter die Füße bekommen, werden immer zahlreicher. Die Gewinne – sagt der Geistliche – hat man globalisiert, aber leider nicht die Rechte.

Padre Mario will sich damit nicht abfinden, für ihn sind die Seefahrer Menschen mit Rechten und Bedürfnissen, wenn sie auch nicht in den Hafenstädten gemeldet sind, dort nicht wählen dürfen und deshalb keine Lobby haben. Weil der italienische Staat keine Sozialarbeit für diese – meist lausig bezahlten und beengt untergebrachten – Arbeiter finanziert, versucht Mario mit der Seemannsmission »Stella Maris« wenigstens das Nötigste bereitzustellen. Jeden Morgen fährt er mit seinem Transportwagen, der zugleich sein Büro ist, ins Hafengelände und versucht, bei den eingelaufenen Schiffen an Bord zu kommen. Weil viele der Matrosen von den Philippinen kommen, hat er aus dem Internet Nachrichtenübersichten über jene ferne Inselgruppe vorbereitet – für die Matrosen oft die einzigen Informationen aus der Heimat nach Monaten. Kollegen aus Livorno schicken ihm ähnliche Bulletins für die Ukrainer und Weißrussen, damit hat der Priester schon einmal etwas in der Hand, wenn er die meist abgearbeiteten Menschen besucht.

Neuerdings kann er auch einen Lageplan des venezianischen Hafens verteilen, den ihm befreundete Designer umsonst gedruckt haben; es ist der merkwürdigste Führer dieser Touristenstadt, denn hier stehen keine Hotels und Museen, sondern Zigaretten- und Videoläden, Wechselstuben und Apotheken verzeichnet. Die Prostituierten von der Via Fratelli Bandiera, sagt Mario mit jungenhaftem Lächeln, finden Interessierte schon allein.

Im Schiff einer israelischen Reederei, das unter deutscher Flagge fährt, liegt die halbe philippinische Besatzung im Aufenthaltszimmer auf der Couch und schaut Videos aus der Heimat. Es ist gerade Pause. Außer den Nachrichtenblättern hat Padre Mario immer ein Sortiment von Telefonkarten für Handys und Telefonzellen dabei, denn das interessiert die Matrosen besonders: »Sie wollen unbedingt mit ihren Familien in Kontakt bleiben und werden oft mit falschen Telefonkarten betrogen.« Neben dem Zwischenhandel hat Padre Mario mit Spendengeldern jetzt auch ein kleines Büro beim Anleger der Kreuzfahrtschiffe eröffnet, wo außer Telefonzellen und einer Kaffeeküche auch Internetzugänge bereitstehen. Im Dezember häufen sich die Anfragen nach Geschenken, dann kutschiert der Priester in seinem Transporter manche Schiffsmannschaft in einen Großmarkt, wo sich die Leute mit Elektronik und Küchengeräten für zuhause eindecken.

Padre Mario, der zuvor in einem Hochsicherheitsgefängnis in den französischen Pyrenäen Seelsorger war, ist von der Ortlosigkeit und Einsamkeit der Matrosen immer wieder berührt. Oft fahren in einem Team von fünfzehn, zwanzig Mann sieben verschiedene Nationalitäten; man kennt und versteht sich kaum. Im Herbst 2001 zum Beispiel lag über drei Monate ein ägyptischer Frachter mit sechzehn Filipinos im Hafen fest, weil die Mannschaft rebellierte und die italienischen Behörden das Schiff nicht mehr für seetüchtig hielten – verheerende Zustände, keine Heuer, keine Hygiene. In solchen Fällen schaut der Pater täglich vorbei.

Zuweilen bittet ihn eine Crew, für sie die Messe zu lesen. Er kann das auf dem Schiff tun, doch lieber nimmt er sie mit in eine der Festlandskirchen von Venedig: »Es tut beiden Seiten gut: Die Matrosen erinnern sich an die Normalität der Nachbarn und Familien, und die Hiesigen nehmen einmal die Matrosen wahr, die ja auch ihre christlichen Brüder sind.« Die Altstadt bekommt kaum einer dieser hunderttausend Durchreisenden zu Gesicht. Doch auch da hat Padre Mario mitunter schon in wenigen Stunden eine Schnellführung durch die Sehenswürdigkeiten organisiert, weil der eine oder andere Matrose wenigstens einmal die berühmte Stadt mit eigenen Augen sehen wollte, an deren Kaimauern er schon so oft lag.

So arbeitet dieser Priester, wie er selber sagt, in vielen Jobs: als Chauffeur, Telefonist, Händler, Geldwechsler, Hotelier, Postbote oder Rechtsbeistand – etwa für Aufenthaltsgenehmigungen oder Klagen gegen Reedereien. Bei einem zypriotischen Schiff, das gerade Getreide lädt, hält er kurz an und reicht mit einem flüchtigen Gruß im seemännischen Pidgin-English einem Filipino im roten Overall das Transistorradio heraus, das er für ein paar Dollar besorgen sollte. Für Russen, die regelmäßig Venedig anfahren, sammelt er in Apotheken Medikamente mit abgelaufenem Verfallsdatum. »So bin ich zum Bettler geworden, aber das war der Heilige Franziskus ja auch.«

Sein Ordenspatron hat Venedig tatsächlich als Seemann besucht, er hat sich von hier nach Ägypten eingeschifft und nebenbei auf einer stillen Laguneninsel die wundervolle Abtei San Francesco del Deserto gegründet; sie gibt es heute noch. Padre Mario wohnt jedoch in einer franziskanischen Gemeinschaft mitten im Industriehafen. Eigentlich ist dieses riesige Terrain mit einer Fläche von zweitausendfünfhundert Fußballfeldern viel zu groß für einen einzigen Seelsorger, der sich zudem um Lebenshilfe und nicht so sehr um die katholische Mission kümmert – wenn es denn da einen Unterschied gibt. Während wir mit ihm wieder über den Damm ins Herz der Stadt zurückfahren, klingelt eines seiner beiden Mobiltelefone: Ein ukrainischer Matrose kündigt sein Einlaufen für den nächsten Morgen an und gibt schon mal eine Einkaufsliste durch.

Es ist der Traum aller Matrosen, Weihnachten zu Hause

bei der Familie zu verbringen, aber dieser Traum geht oft nicht in Erfüllung. Auch an Festtagen steht der Pater darum für alle Seeleute bereit – ungeachtet ihrer Religion und ihrer Festtagswünsche. »In der Bischofskurie bei San Marco«, erzählt Padre Mario, »gibt es Leute, die meine Arbeit nicht so gerne sehen. Sie sagen, ich sei gar kein richtiger Priester.« Doch er weiß ganz genau, daß das nicht stimmt.

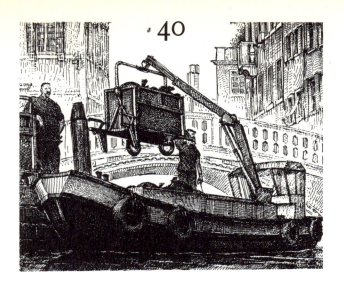

Pronto, spazzino!

Jeden Morgen – außer sonntags – um halb neun klingelt es bei uns an der Haustür. Aus allen Mietparteien stürmt dann jemand zum Drücker und öffnet dem Müllmann. Daß er da ist, läßt er die Hausgemeinschaft mit gewaltiger Baßstimme wissen: »Pronto, spazzino!« Dann wissen alle, daß der Dreck weg ist bis zum nächsten Tag. Der grünrot eingekleidete Spazzino, nicht nur unser ganz persönlicher, ist vielleicht der wichtigste Dienstleister in einer Stadt, in der es keine Abfalltonnen gibt und die mit herkömmlichen Müllwagen nicht zu erreichen ist. Die städtische Abfallbeseitigung, die in Venedig akronymisch »Vesta« heißt, bewältigt den Kraftakt, die tagtäglichen Ausscheidungen eines modernen Stadtkörpers mitsamt dem Müll von Millionen Durchreisenden erst von Hand und dann per Boot wegzuschaffen.

Unser stimmgewaltiger Spazzino, ein kahlgeschorener Riese von einem Mann, steht am Beginn einer ausgefeilten

Entsorgungskette, wenn er unsere Mülltüten in seinen hochwandigen Schubkarren aus Aluminium lädt und damit zur nächsten Haustür weiterrollt. Die Venezianer sind seit langem gewohnt, ihren Hausmüll in Einkaufstüten zu verstauen und dann an den vereinbarten Punkten – Treppengiebeln, Häuserecken, Straßenecken, Kanalbuchtungen oder Hausfluren – abzustellen. Fleißige Leute machen das frühmorgens, andere, wie wir, schon am Abend, damit es morgens keine Rennerei zum stets pünktlichen Müllmann gibt. Ihre sich füllenden Karren wuchten die Müllmänner – und immer häufiger auch junge, meist zierliche Frauen, denen man den Kraftakt gar nicht zutrauen würde – über die Brücken zu Sammelbooten, die an strategischen Punkten jedes Stadtviertels auf ihre Ladung warten.

Dort hebt ein Kollege den Müllkarren mit Hydraulik in einen Bügel, und ein Klappverschluß öffnet sich, damit Venedigs Dreck in die Ladefläche rumpeln kann. Gegen Mittag sind die meisten der giftgrünen Müllboote bereits unterwegs zur Sacca San Biagio, einer Insel am Rande der Altstadt, hinter der auf einem Ödgelände die stillgelegte Verbrennungsanlage vor sich hin rottet. Dort wird das meiste dann mit dem Kran noch einmal in extralange Müllkähne umgeladen, die dann zur Abfallpresse und zum Hochdruck-Verbrennungsofen im Hafengebiet weiterfahren. Bis zu hundertsiebzig Tonnen Müll kann diese moderne Anlage am Tag bewältigen, die allerdings zum größten Teil vom Festland anfallen, wo es normale Abfalltonnen und normale Lastwagen gibt.

Mit dem Hausmüll hat die Vesta freilich nur einen Teil ihrer Pflichten erledigt. Sie kümmert sich außerdem um das Auspumpen alter Zisternen und Öltanks, um verunreinigtes Wasser und sammelt mit speziellen Booten sogar schwimmenden Dreck aus der Lagune auf – was aber angesichts des stets saubereren Wassers nicht besonders dringlich ist. An Festtagen wie Karneval oder Silvester laufen die zahlreichen Straßenfeger der Stadt, die täglich mit Reisigbesen den Dreck von den Gassen kehren und die Papierkörbe leeren, zur Höchstform auf. Sie bekommen mit purer Handarbeit sogar den zugemüllten Markusplatz am Neujahrstag zu Sonnenaufgang wieder sauber, wie sie auch sonst heldenhaft aus allen Ritzen und Winkeln der Altstadt Papier und Dosen herausklauben und den vielen Hundedreck wegspülen. Durch ihre Arbeit ist Venedig heute eine saubere Stadt.

Frühere Reisende fühlten sich oft genug durch den schwimmenden Dreck und den Unrat in den Gassen gestört. Goethe entwarf gleich am Ankunftstag den Plan für eine Stadtreinigung nach holländischem Muster. Das schien ihm damals nötig, obwohl die Venezianer schon seit dem Mittelalter strenge Strafen gegen die Verschmutzung der Lagune und das Zuschütten der Kanäle mit Müll aussprachen – für viele Historiker die ältesten Umweltschutzparagraphen Europas. Heute wirbt die moderne Vesta mit Schlagwörtern wie »Bürger als Kunden«, »liberalisierter Abfallmarkt« und »Sensibilisierung für die Umwelt«, doch man kann sich noch so viel Mühe geben mit der Modernisierung, kann eine ganze Insel mit Lagunenschlamm aufschütten und in einen öffentlichen Park verwandeln oder mit einer hocheffizienten Kompostanlage südtiroler Machart arbeiten – den Dreck wird man in Venedig niemals allein mit neuester Technik beseitigen können. Darum auch ist die Mülltrennung, welche die rotgrüne Stadtverwaltung so gerne einführen würde, in der Altstadt nicht recht vorangekommen. Hier und da stehen zwar Sammelbehälter für Papier oder Altglas, doch in unserer Nachbarschaft fehlen sie gänzlich. Vielleicht ist einfach nicht genug Raum für die bunten Plastiktonnen, vielleicht sind sie auch schlicht zu häßlich.

Besonders bewunderungswürdig wirken Venedigs Müllmänner, wenn es um Sperrgut und Haushaltsauflösungen geht. Dann fahren sie mit dem Sammelboot direkt unters Haus, manch Gerümpel wird dann kurzerhand aus dem

Fenster ins Boot entsorgt. Oder sie nehmen ein bescheidenes Trinkgeld und fahren mit Bärenkräften ganze Elektroherde, Spülen oder Schränke von dannen.

Manchmal muß ich sehr früh heraus, dann steht in der Morgendämmerung der verlassenen Stadt unser Spazzino bereits am Kanal, fegt Dreck und räumt Papierkörbe aus. Auf seiner Stofftasche, die immer an derselben Stelle am Karren hängt, hat er in großen Lettern seinen Namen mit Kugelschreiber eingetragen, damit sie nicht versehentlich auch in den Müll kommt. So schiebt er das ganze Jahr durch unser Viertel, bei Schnee und Regen, bei Hochwasser und Sommerschwüle. Daß er morgen früh wieder rufen wird, zählt in dieser Stadt zu den beruhigenden Gewißheiten.

41

WIE AUS TAUSENDUNDEINER NACHT

Mit seinen Kuppeln und Türmen, Goldmosaiken und Basargassen evoziert Venedig, was wir für orientalisch halten – ein Wunder aus Tausendundeiner Nacht. Dieser Eindruck ist richtig und falsch zugleich. Denn die eigentümliche Bauform der Kirchen, zuvörderst San Marco, ist byzantinisch und erst in zweiter Linie arabisch. Und die Enge der Gassen, die Wuseligkeit der Plätze, die Weitgereiste entfernt an Marrakesch oder Kairo erinnern mögen, bilden nur eines der letzten Überbleibsel dessen, wie eine Stadt früher auch in Europa ausgesehen hat: kleinteilig, gewunden und vor allem autofrei. Dennoch ist das Bild von Venedig als einer orientalischen Schönheit nicht verkehrt: Die Stadt, die ihren Reichtum dem Orient und der Levante verdankt, ist bei weitem die östlichste Stadt Mitteleuropas und erinnert nicht nur mit ihren regelmäßigen Fährverbindungen nach Kreta, Athen und in die Türkei an ihre jahrhundertelange Funktion als Brückenkopf zum Orient.

Nirgendwo sonst in Europa, Spanien vielleicht ausgenommen, blickt man auf eine derart lange – oft fruchtbare, oft kriegerische – Beziehung zu muslimischen Mächten zurück. Das beginnt mit dem Stadtpatron. Der Legende nach wurden die Gebeine des heiligen Markus im Jahre 828 mit List aus dem muslimischen Alexandria herausgeholt. Nachdem zwei venezianische Kaufleute die verängstigten Mönche, die das Markusgrab bewachten, bestochen hatten, versteckten sie die Reliquien in einem Korb unter dicken Schichten Schweinespeck. Diesen hätten – so die Legende – die arabischen Kontrolleure sich geweigert anzufassen, und so seien die Überreste des Evangelisten schließlich nach Venedig gekommen. Ein herrliches Mosaik in der Markuskirche erzählt diese Geschichte in allen Details.

Zugleich illustriert die Fabel das tragische Mißverständnis zwischen muslimischer und christlicher Kultur: Der Kauf oder Raub der Gebeine wird verbrämt, indem sich die Venezianer über die vermeintlich dummen Muslime lustig machen, die sich von etwas Schweinefett abschrecken lassen. In Wahrheit stand Venedig im muslimischen Orient einer überlegenen Urbankultur gegenüber. Die gerissenen Venezianer versorgten den Orient anfangs mit Sklaven vom Balkan und tauschten für diese rohe Ware Gewürze, Seide und Edelsteine ein. Der Reichtum Venedigs verdankt sich der Blüte der islamischen Hochkultur, den Handelsstützpunkten in Alexandria, Palästina und später dann im türkischen Reich.

Lang und blutig ist die Historie vom Krieg zwischen Venedig und den Ottomanen, angefangen mit der ersten Seeschlacht 1416 vor Gallipoli, bei der die Venezianer gnadenlos alle Gefangenen abschlachteten, bis zum Frieden von Passarowitz, der 1716 der Serenissima bis zu ihrem Untergang immerhin Korfu, Kythera und ein paar Stücke vom

Peloponnes beließ. Diese dreihundert Jahre Auseinandersetzung mit dem Türkenreich werden bis heute christlich verklärt – nicht zuletzt verkörpert durch den fiktiven Admiral Othello. Venedigs echte Seehelden aus den Familien der Mocenigo, Morosini, Cappello, Grimani oder Flangini, nach denen heute in der Stadt Straßen, Schulen oder Kasernen benannt sind, verteidigten zwar heldenhaft manche zypriotische oder ägäische Zitadelle gegen den Feind, doch kann von einem »Krieg der Kulturen« keine Rede sein.

Die Geschichtsschreibung urteilt erbarmungslos über das venezianische Kolonialreich in der Levante. Als erste Imperialisten beuteten die Venezianer ihre Erwerbungen Kreta, Zypern oder Morea mit regelrechter Sklavenwirtschaft derart aus, daß die Einwohner die toleranteren und vor allem steuergünstigeren Türken als Befreier empfanden. Venedig, das sich gerne als Bastion gegen den Unglauben verklärt, war mit Zuckerplantagen und Alaunbergwerken, aber mangelnden Kornfeldern über Jahrhunderte eine Handelsmacht, die ihre Besitztümer vernachlässigte, als kleine Stadtrepublik kaum die militärische Besatzung oder Administration aufbrachte und schließlich an seinem kolonialen Anspruch zugrunde ging.

Bleibt das historische Verdienst der Venezianer, Europa mit den Schätzen – nicht so sehr mit der geistigen Zivilisation – des islamischen Ostens in Kontakt gebracht zu haben. Noch heute zeigen die herrlichen Gemälde Carpaccios in der Scuola degli Schiavoni türkische Reitergruppen und prächtige Gesandtschaften mit Turbanen, Trommeln und Schalmeien, wie sie die Republik um 1500 häufig erlebte. Der erste Porträtist und Hofmaler Mehmets, des Eroberers von Konstantinopel, war Gentile, Bruder des venezianischen Malers Giovanni Bellini. Schon ein Jahr nach dem Fall von Ostrom nahm Venedig wieder diplomatische Beziehungen auf und entsandte regelmäßig einen Bailo als gerichtlichen Oberherrn der venezianischen Kaufmannskolonie im türkischen Reich. Ab 1621 residierte dann ein türkischer Handelshof am Canal Grande, wo zum Ärger des Papstes sogar eine kleine Moschee geduldet wurde.

Früher soll es sogar eine arabische Niederlassung gegeben haben, den »Fondaco degli Arabi« im Stadtsechstel Canareggio. Am Campo dei Mori erinnern die verwitterten Eckfiguren von Männern mit Turban an den Orienthandel, und auf einer Palastfassade gleich gegenüber zieht ein steinernes Kamel wie in einer Karawane seiner Wege. In diesem stillen Winkel der Stadt wird der uralte Austausch Venedigs mit der Kultur des Islam spürbar.

Und heute? Eine Moschee gibt es in den Gassen Venedigs nicht mehr – oder noch nicht wieder. Denn wie überall in Europa hat sich eine bedeutende Kolonie von Muslimen, vor allem aus Pakistan, in der Stadt niedergelassen. Kaum ein Tourist bekommt mehr ein typisch venezianisches Essen vorgesetzt, ohne daß in der Küche ein Koch aus Pakistan oder Bangladesh am Herd gestanden hätte. Das Traditionslokal »Noemi« unweit vom Markusplatz wird sogar vollständig von frommen Muslimen aus Pakistan betrieben, die hier altvenezianische Küche servieren. Ein Küchengehilfe allerdings brach noch im Herbst 2001 in seine Heimat auf, wo er an der Seite der Taliban gegen die westlichen Armeen kämpfen wollte – nötigenfalls bis zum Tod.

So gesehen, sind die Kontakte zwischen westlicher und islamischer Kultur noch nicht sehr vorangekommen seit den späten Türkenkriegen Venedigs, an die unlängst eine Ausstellung im Museo Querini erinnert hat. Es gibt aber auch hoffnungsvollere Anzeichen. Kurz nach dem 11. September 2001 lief ein türkisches Kriegsschiff auf Truppenbesuch im venezianischen Hafen ein. Die türkischen Matrosen – ein halbes Jahrtausend lang der Schrecken der Lagune – hißten den Roten Halbmond und grüßten, in einer Reihe aufgestellt, San Marco mit allen militärischen Ehren. Das wirkte wie ein Märchen aus Tausendundeiner Nacht.

42

Hinter den Rolläden

Signor Vianello ist in Venedig geboren, genau wie seine Eltern und Großeltern. Er hat sein ganzes Leben hier verbracht, von ein paar Urlauben in den Bergen einmal abgesehen. Er hat nicht viel von der Welt gesehen, aber dafür kommt die Welt zu ihm. In der kleinen Kaffeebar unweit von Rialto, die Signor Vianello geerbt hat, stehen neben den Verkäuferinnen und Beamten auch Touristen aus den merkwürdigsten Ländern, die kaum im Atlas verzeichnet sind, und trinken einen Cappuccino, nehmen dazu eine Brioche oder ein leckeres Törtchen. Für diese Süßigkeiten ist der Laden von Signor Vianello in der ganzen Stadt bekannt. Und ein bißchen auch in der ganzen Welt.

Doch der Chef selbst steht schon jahrelang nicht mehr hinter der Theke. Das übernehmen jetzt seine Frau, sein Sohn oder irgendwelches Personal. Obwohl Signor Vianello noch nicht einmal Sechzig ist, bleibt er seit langem lieber zuhause. Er ist krank. Morgens kommt manchmal der Arzt und schaut nach ihm, gibt ihm eine Spritze und verschreibt allerhand Tabletten, die aber auch nicht viel helfen. Wenn der Arzt wieder geht, ist es still in der Wohnung. Nur die Katze, die gleichfalls nicht vor die Tür kommt, liegt in ihrem Korb und dämmert vor sich hin.

Signor Vianello liegt meistens im Bett, denn da spart man Heizung, und außerdem ist es das Bequemste für einen Kranken. Was für eine Krankheit er hat? Das weiß auch der Arzt nicht so genau, jedenfalls fühlt sich Signor Vianello immer ganz fürchterlich, wenn er vor die Tür geht. Zwar kennt er die Stadt mit ihren Gassen und Brücken wie seine Westentasche, und niemals würde er den Weg verfehlen, der ihn von zuhause über den Markusplatz, für den er keinen Blick mehr hat, zu seiner kleinen Kaffeebar führt. Aber was soll er da? Er findet keinen Anlaß mehr, mit den Leuten zu reden. Sie machen ihm Angst, und schließlich versteckt er sich lieber im Hinterzimmer. Und wenn er mal anfängt zu reden, dann sprudelt am Ende alles aus ihm heraus, was er sich in den vielen Tagen zuhause ausgedacht hat, und seine Frau zerrt ihn dann von den Kunden fort. Also bleibt er am liebsten daheim und läßt Frau und Sohn die Arbeit erledigen.

Wenn er gegen Mittag aufsteht, schlurft Signor Vianello durch die Wohnung und setzt sich vor den Fernseher. Ob er nun zuhört oder einschläft, die vielen Ratespiele und Schlagerparaden haben eine beruhigende Wirkung auf ihn, er könnte gar nicht genug davon kriegen. Er wüßte nicht mehr, wie er leben sollte, wenn das Fernsehen nicht funktionierte. So liegt Signor Vianello von mittags bis morgens um drei vor der Mattscheibe, vom Kinderprogramm bis zu den Diskussionsrunden, bei denen bis zum Morgengrauen über Fußball gestritten wird. Da wird er manchmal ganz temperamentvoll und schreit laut auf. »Elfmeter!« brüllt er dann, oder: »Forza Juve!« Denn Signor Vianello ist ein großer Fußballfan – nicht von Venezia, die sind zu schlecht.

Signor Vianello hält zu Juventus Turin, da verpaßt er keine Partie.

Abends gegen halb elf kommt seine Frau aus dem Geschäft. Sie ist morgens um sieben aus dem Haus gegangen, und nun muß sie die Küche aufräumen, Geschirr spülen, vorkochen für den nächsten Tag. Signora Vianello sieht mit ihrem Damenbart und ihrem knielangen Faltenrock ziemlich abgearbeitet aus, dazu raucht sie auch noch wie ein Schlot. Sie hat es nicht leicht. Aber das ist nun mal so: Die Frau ist für den Haushalt zuständig. Und wenn ihr Mann krank ist, dann auch fürs Geschäft. Und dann gibt es ja auch noch den Sohn, der muß die Tradition weiterführen. Sonntags ist die Bar geschlossen, da putzt Signora Vianello die Wohnung und setzt sich nachmittags zu ihrem Mann vor den Bildschirm. Sie ist auch ein Fußballfan.

Vor die Tür gehen die beiden nicht. Besuch bekommen sie auch keinen mehr, das ist sowieso besser, sie würden niemanden hereinlassen. Signor Vianello zuckt schon zusammen, wenn jemand anruft, aber das kommt nur alle paar Wochen vor und ist meistens ein Irrtum. Daheim in der eigenen Wohnung ist es am schönsten. Besser, wenn andere Leute nichts Privates mitbekommen. Daß sich das Altpapier, das Glas und ein Sammelsurium von Holz, Paketen und Regalen im Flur stauen, so daß man kaum noch durchkommt, geht niemanden etwas an. Darum sind bei den Vianellos immer alle Rolläden heruntergelassen, im Sommer wie im Winter, bei Tag und Nacht. Das ist gemütlicher so. Die alten Paläste, die beiden Kanäle, die gotische und die Renaissance-Kirche, die sie von ihrer Wohnung aus sehen könnten, kennen sie schon so lange, daß sie sie auch nicht mehr sähen, wenn die Läden oben wären.

Nur nachts gegen zwei zieht Signor Vianello den Rollladen im Wohnzimmer ein kleines Stückchen hoch. Dann öffnet er das Fenster einen Spalt breit und steckt es mit einem Haken fest für die Nacht. So kann die Rauchluft etwas abziehen. Das ist der letzte Kontakt, den Signor Vianello noch mit der Außenwelt hat, aber niemand sieht seine dünnen, weißen Arme, die unter dem Rolladen hervorkommen und blind das Fenster befestigen. Und er sieht nichts von Venedig, seiner Stadt.

Moto ondoso

Die ersten Regentage hatten die Transparente, die seit dem Herbst 2001 aus zahlreichen Fenstern entlang der Kanäle hingen, arg mitgenommen. Alte Bettücher schlappten im Adriawind, und die Aufschriften waren schnell verblichen, wenn die in sich verwickelten Stoffbahnen nicht überhaupt abgerissen oder zerfetzt wurden. Dennoch blieb die Aktion unübersehbar. Besonders eifrige Venezianer hatten ihre sämtlichen Wohnräume mit Laken verhängt, Nachbarschaften hatten sich zu konzertierten Aktionen zusammengetan. Die Transparente waren – wie das Herbstlaub – Relikte eines heißen Sommers. Denn die Venezianer beschäftigte nichts so sehr wie der Kampf gegen »Moto ondoso«, den zerstörerischen Wellenschlag der Motorboote. Das war die schlichte Botschaft, die auf sämtlichen Transparenten prangte: »Stop moto ondoso!« oder, poetischer: »Der Wellengang wird Venedig in ein Phantasma verwandeln.«

Wie so oft in einer kleinen Stadt war es die Lokalzeitung, die den Unmut kanalisierte und die Flamme am Köcheln hielt. Fortwährend rief der »Gazzettino« seine Leserschaft zu Aktionen gegen die Wellen auf, in den Leserbriefspalten fanden sich Radikalvorschläge, die von einem gründlich verpesteten Kommunalklima zeugten. Demnach seien Motorboote Teufelszeug und gehörten am besten abgeschafft. Halb Venedig wäre, wenn man alle Mahnungen ernst nähme, vom Einsturz bedroht. Als einzige legitime Fortbewegungsweise schien das Rudern übrigzubleiben.

Ein Sturm im Wasserglas? Hinter der Gesellschaft »Pax in Aqua«, die bis heute den Feldzug gegen die Wellen an vorderster Front betreibt, stehen die Ruderclubs von Venedig, die Gondolieri, aber auch nationale und internationale Umweltschützer, Besitzer von bröckeligen Palazzi und Freunde der venezianischen Baukunst. Sogar der italienische Staatspräsident hat sich der Sache angenommen, als Venedigs Bürgermeister um Sondervollmachten bei der Sisyphosarbeit gegen den wachsenden Verkehr bat. Seitdem müssen sich sogar Amtspersonen wie der Präfekt, der Polizeikommandant oder der Regionalpräsident rechtfertigen, wenn sie allzuoft ihre Dienstboote benutzen, statt zu Fuß zu gehen.

Die Argumente sind einleuchtend. An Tagen mit starkem Bootsbetrieb schafft es selbst ein gelenkiger Gondoliere nur mit Mühe, sich stehend in Positur zu halten, wenn das Geschwappe der Bugwellen auf sein fragiles Gefährt niedergeht. Vor allem im Becken vor San Marco, aber auch entlang der Hauptverkehrsadern Richtung Lido, zum Flughafen oder im Canale della Giudecca schaukelt der dichte Bootsverkehr das Wasser zu teuflischen Strudeln und richtungsloser Brandung auf. Ruderer, die sich in ihrer Freizeit der traditionellsten venezianischen Beschäftigung widmen wollen, trauen sich kaum noch in die Lagune.

Das bedroht die althergebrachte Lebensweise der Stadt. Bis in die sechziger Jahre hat Venedig kaum Motorboote gekannt, das urbane Leben basierte auf dem Rudern. Heute düsen Halbwüchsige im Höllentempo in schnittigen Schnellbooten mit achtzig, hundert PS-Motor umher, Tausende von Freizeitkapitänen brummen durch winzige Kanäle. Am gefährlichsten ist die Aussicht, daß eine permanente Bugwelle an den Fundamenten der Stadt nagt. Bisher haben die in den Schlamm und Sand gezogenen Grundmauern sowie die steinhart gewordenen Holzpfähle der traditionellen Bauweise den Zeiten besser standgehalten, als man gemeinhin annimmt. Nur, daß die Schiffsschrauben nun das Wasser mit Wucht gegen die Ziegel treiben und offenbar bröckeln lassen. In abgepumpten Kanälen fanden sich bedenkliche Zerstörungen an den Grundmauern, die allerdings auch von der Wasserverschmutzung oder vom wachsenden Tidenhub stammen könnten. Es kommt, wie immer bei Umweltproblemen, alles zusammen.

Wie nicht anders zu erwarten, hat sich die Gegenbewegung längst formiert. Die Taxifahrer, die Bootsunternehmer und die Spediteure wollen sich nicht zu den Buhmännern der Stadt machen lassen. Wie sollen hunderttausend Menschen – die Touristen eingerechnet – beliefert und wie sollen ihre Abfälle entsorgt werden ohne schwere Boote? Wer bringt Wein, wer transportiert Schmutzwäsche, Gemüse, Müll? Es ist sowieso ein Wunder, daß das alles reibungslos funktioniert. Die Bootsunternehmer mit ihren schweren Lastkähnen, den »Topi«, machen zwar die meisten Wellen, sehen aber in den Umweltschützern bloße Folkloristen. Sollen sie doch, so ihr Vorschlag, ein, zwei vollkommen gegen den Bootsverkehr abgeschottete Ruderstrecken am Rande der Stadt einrichten, wo Tag und Nacht stilles Wasser zum Gondeln bereitsteht.

Besonders renitent sind die Taxifahrer, mittlerweile so ziemlich die verhaßtesten Venezianer. Mit ihren schweren Doppelmotoren können sie eine Gondel locker umwerfen, wenn sie ihre Touristenladung zum Flughafen durch die aufgepeitschten Fluten pflügen. Wer im Taxi bequem herumfährt, hat Verständnis für die Klagen des Fahrers: Seinesgleichen würde nur noch reglementiert, jede Geschwindigkeitsübertretung koste ein Vermögen. Und tatsächlich greift die Polizei mit Radarmessungen neuerdings härter durch, sogar Nicole Kidmans Boot wurde während der Filmfestspiele geblitzt und angehalten – zur Freude der Carabinieri. Doch angesichts der Wucherpreise der Taxis, die seit Jahren ein regelrechtes Kartell bilden und pro Fahrt fünfzig bis achtzig Euro verlangen, haben sie keine echte Lobby mehr in der Stadt.

Die ersten Maßnahmen richten sich deshalb gegen Taxis und die großen Touristenboote, die mit einer Ladung von über hundert Leuten die Stadt vom Festland, aus Jesolo, Mestre oder Chioggia anfahren, die Massen ausspucken und ihr Publikum abends mit Karacho wieder heimbringen. Einige der größten Kanäle und auch Teile des Canal Grande sind seit einiger Zeit für diese »Granturismo«-Boote gesperrt, die ohnehin für die schlimmste Touristenlast verantwortlich sind. Dazu kommen noch kompliziertere Einbahnregelungen, die allerdings den Verkehr in den wenigen verbliebenen Durchfahrtskanälen nur erhöhen. Auch die ACTV, das Nahverkehrsunternehmen, stellte endlich nach zwanzig Jahren Planung einen neuen Bootstyp vor, der den Wellengang um zwanzig bis dreißig Prozent verringern soll.

Ob das hilft? Das eigentliche Problem liegt im nachvollziehbaren Versuch der Venezianer und ihrer Obrigkeit, mitten im Wasser ein modernes Leben mit allen Annehmlichkeiten und technischen Beschleunigungen zu bieten, doch zugleich das Stadtbild so zu bewahren, wie es in tausend Jahren geprägt worden ist. Wenn weniger Boote mit Touristen oder Waren fahren dürfen, wenn statt eines dröhnenden Taxis ein harmloses Elektroboot herantuckert, dann wird man auch Wartezeiten haben und auf glänzende Geschäfte verzichten müssen. Das sind die meisten Venezianer nicht gewohnt. Trotzdem müssen sie sich eher über kurz als über lang entscheiden.

Bald werden vielleicht nicht mehr Taxis, sondern Gondolieri manche Hotelgäste am Bahnhof abholen, weil man anders nicht mehr in die engsten Kanäle darf. Oder für bestimmte Touren werden Boote mit sanftem Elektromotor Vorschrift. Auch wirklich effektive, dauernd besetzte Radarkontrollen würden schon viel helfen. Am einfachsten aber wäre es, die schweren Motoren, für die das Kunstwerk Venedig einfach nicht gebaut ist, schlichtweg für Privatleute zu verbieten. Der Politiker, dem eine solche Maßnahme im Land von Ferrari gelänge, hätte sein Denkmal sicher: Es wären die spiegelglatten, die wundervoll stillen Kanäle und Wasserflächen, die man derzeit allerhöchstens spätnachts genießen kann.

44

DER RABBINER

Nach neun Jahren als Oberrabbiner verließ Roberto della Rocca im Jahr 2001 Venedig, und er sagt selbst, daß dies eine Zeit war, die ihn nicht nur deshalb geprägt hat, weil seine Kinder in Venedig geboren wurden. »Ich werde Venedig immer in meinem Herzen tragen«, sagte er in seiner Abschiedsbotschaft mit einem Pathos, das den Italienern gefällt, aber dem nachdenklichen, eher ironischen Mann, der stets wie ein Gentleman auftritt, eigentlich fremd ist. Doch muß es nicht schwer sein, ausgerechnet Venedig, einen der zentralen Erinnerungsorte des europäischen Judentums, gegen einen Büroposten in Rom einzutauschen? Dort wird sich Della Rocca fortan beim Zentralrat der jüdischen Gemeinden Italiens um die Kultur kümmern.

Den einzigartigen Schatz von fünf Synagogen aus dem sechzehnten Jahrhundert, die verschachtelt in die winkligen Mauern des Ghettos gebaut wurden, kennt der Rabbiner wie kaum ein zweiter. Dieses Erbe wird ihn auch in Rom beschäftigen, weil es in Italien, vielleicht in der ganzen Welt, nichts Vergleichbares gibt. Der venezianische Name »Ghetto« ist in allen Sprachen zum Synonym für abgetrennte Judenviertel, später dann für diskriminierende Abgrenzungen überhaupt geworden. Das Wort leitet sich her vom Dialektausdruck »geto«, was auf die »Gießerei« der kleinen Insel mitten im Distrikt Canareggio hinweist, wo 1516 auf Beschluß der Serenissima die Juden der Stadt wohnen mußten.

Damals war das nicht nur als Kontrollmaßnahme und Demütigung gemeint, sondern auch als Schutz. Besonders die Rabbiner fanden immer wieder Argumente für ein abgetrenntes Wohnen, bei dem Sitten und Reinheit der Gemeinschaft erhalten blieben. So haben die Juden in Venedig bis zum Ende der Republik im Ghetto zwar arg beengt, aber meist besser gelebt als anderswo. Und sie haben die Kultur Venedigs ebensosehr beeinflußt, wie sie selbst vom einzigartigen Leben in der Lagune geprägt wurden. Roberto della Rocca zählt Leone da Modena und Simone Luzzatto zu seinen zahlreichen Vorgängern, beides berühmte Rabbiner aus dem frühen siebzehnten Jahrhundert.

Leone da Modena war ein der Welt zugewandter Mann, der sich auch an einem jüdischen Trauertag seine Eintrittskarte für eine Regatta sicherte, der trotz tiefer Frömmigkeit und Gelehrsamkeit dem Glücksspiel und der Musik zugetan war und Komödien schrieb. Simone Luzzatto verfaßte einen berühmten Traktat, in dem er mit den neuesten Methoden der Volkswirtschaft den Nutzen der Juden für Venedigs Ökonomie vorrechnete und die Notwendigkeit der Toleranz mit Vernunftgründen bewies. An solchen großen Vorgängern muß sich jeder Rabbiner in Venedig messen, wenngleich von den fünf- bis sechstausend Gläubigen unterschiedlicher Strömungen, die sich einst qualvoll hinter den Ghettotoren drängten, heute gerade einmal vierhundertfünfzig übrig sind – und die leben selbstverständlich über die ganze Stadt verstreut, seit Napoleon die Einsperrung aufgehoben hat.

Venedigs Juden leiden gemeinsam mit der Stadt, wie sie gemeinsam mit ihr großgeworden sind. Zweihundert der venezianischen Juden wurden von den Nationalsozialisten umgebracht. Danach begann der große Exodus aufs Festland, der eine kleine Gemeinschaft naturgemäß besonders bedroht. Heute ist die Hälfte der Gemeindemitglieder über fünfzig Jahre alt, auf sieben Todesfälle kommt nur eine Geburt. Und dabei muß die jüdische Gemeinde nicht nur für das heikle Ensemble ihrer fünf Synagogen, für ein Museum und einen uralten Friedhof auf dem Lido aufkommen. Bis heute gibt es eine Thoraschule, es gibt einen jüdischen Kindergarten mit nur noch sechs Kindern sowie ein Altersheim, in dem zehn Menschen leben und das gleichfalls im ehemaligen Ghetto liegt.

Beim Abendessen in diesem Altersheim, dem auch eine Herberge angeschlossen ist, schwärmt der scheidende Rabbiner von den Schönheiten Venedigs, die ihn die ersten Jahre wie im Traum verleben ließen. Aber die immensen Probleme der Abwanderung und der Überalterung holten ihn ein. Venedig, sagt er, sei heute eine Kleinstadt mit dem Erbe einer ganzen Zivilisation auf dem Buckel. Die Aufgaben müßten schnell und in großem Stil gelöst werden, aber es gebe kaum Leute und die lebten obendrein im Horizont einer fast schon dörflichen Gemeinschaft. Doch der Rabbiner sieht für seine Gemeinde beileibe nicht nur schwarz. Die Ankunft der Lubawitscher, einer orthodoxen Gemeinschaft aus New York und Israel, die im Ghetto eine Betschule und ein Informationsbüro eröffnet hat, mag in der hergebrachten Gemeinde für manchen Ärger gesorgt haben, aber Della Rocca begrüßt es ausdrücklich, daß hier jemand Flagge zeigt. Inzwischen melden sich vorwiegend Amerikaner, die in Venedig eine Wohnung erworben haben, bei der Gemeinde an; es kommen jüdische Studenten oder fromme Nostalgiker, die an diesem Symbolort jüdischer Geschichte heiraten möchten.

Während eines der letzten Gottesdienste des Rabbiners in der großen spanischen Synagoge, die die Gemeinde nur im Sommer benutzt, stehen wie immer zwei Aufpasser vor der Tür, damit das Ritual nicht von Passanten gestört wird. Im wundervollen Saal des ersten Stocks haben sich anfangs an die dreißig Gläubige versammelt, am Ende kommen auch immer mehr Frauen mit ihren Kindern auf die abgeteilte Bank, dann sind schließlich immerhin gut sechzig venezianische Juden am Sabbat versammelt.

Ohne falsche Inbrunst, doch mit großer Konzentration liest Della Rocca aus der Heiligen Schrift, die das Judentum konstituiert. Außer der ewigen Wiederholung, Durchdringung und Auslegung der Thora beruht dieser Glauben auf dem Zusammenhalt einer kleinen, lange schon bedrohten Gruppe, die sich in einer fremden Umgebung behaupten mußte. Der Rabbiner ruft immer wieder andere Männer nach vorne, die neben der Thora die Existenz von verstorbenen Verwandten und Freunden bezeugen. Das Geheimnis fortlebenden Glaubens besteht vor allem in der Erinnerung. Zum Abschlußsegen nimmt Roberto della Rocca seinen kleinen Sohn fest unter seinen Mantel. Er kann sich sicher sein, daß man ihn in Venedig nicht vergessen wird.

Wenn die Gondeln Trauer tragen

»Wenn die Gondeln Trauer tragen« ist ein genialer, aber reichlich irreführender Filmtitel. Venedigs Gondeln sind schwarz, weil dies die zeremonielle Farbe der Feste und des Luxus war. Die wirklichen Totenschiffe, in denen alle Venezianer ihre letzte Fahrt über die Lagune machen, sind strahlend blau. Jeden Tag treffen drei bis sieben solcher halboffener Motorboote an der idyllischen Friedhofsinsel San Michele ein, oft genug starten sie mit einem bekränzten Sarg am Nebenausgang des städtischen Krankenhauses, das gleich gegenüber liegt. Das Eiland mit seinen erhabenen Zypressen und der neogotischen Ziegelumfassung dürfte einer der suggestivsten Friedhöfe sein, die es auf der Welt gibt. Aber nur wer in Venedigs Altstadt oder auf den Inseln gemeldet ist oder dort stirbt, hat das Anrecht auf ein Grab auf San Michele.

»Wir haben derzeit eintausendvierhundert freie Plätze«,

gibt sich Paolo Martinovich gelassen. Er verwaltet in einem kleinen Büro mit idyllischer Aussicht auf den Friedhof die knappen Gräber der Stadt; an der Wand lächeln sinnigerweise zwei putzige Renaissance-Engelchen von einem Poster herunter. Sollte sich die Lage in den kommenden Jahren verschärfen, hat die Stadt mit dem Projekt »Neuer Friedhof« vorgebaut. Vor kurzem wurden die Arbeiten an einer Aufschüttung neben San Michele abgeschlossen. Da die Italiener die Verbrennung scheuen, sich gemeinhin in marmornen Regalfächern und nur selten in den kostbaren, weil platzraubenden Erdgräbern bestatten lassen, stehen bereits die Betonpfeiler für die frischen Friedhofsbauten bereit. Es gibt genug Platz für den Tod in Venedig.

Größere Sorge bereitet Signor Martinovich, daß die Leichen nicht mehr den Weg allen Fleisches gehen. Werden die Särge nach zehn oder sogar zwanzig Jahren geöffnet, befinden sich die entseelten Hüllen meist in einem erschreckend guten Zustand. Viele Venezianer müssen dann noch eine allerletzte Reise zu einem luftigen Gottesacker auf der Lido-Badeinsel antreten, bevor die sterblichen Überreste pietätvoll und anonym in die Erde von San Michele zurückkehren können. Mehrere Wissenschaftler haben das Phänomen der gebremsten Verwesung bereits untersucht und auf die Beschaffenheit der Lagunenluft zurückgeführt. Signor Martinovich indes sieht als Hauptproblem die moderne Hygiene, gemäß deren Regeln die Toten aus der gekühlten Leichenhalle in versiegelten Särgen direkt ins Grab gelangen. »Früher wurden die Leute zuhause aufgebahrt, die Fliegen taten ihr Werk, und wir hatten später keine Probleme mehr.«

Vor Zeiten waren die toten Vorfahren den Venezianern gespenstisch präsent. Die Bestattungen fanden stets auf den Kirchhöfen statt, zwischen Wohnhäusern, Regenwasserzisternen und den spärlichen Gärten. Bei Hochwasser wurden die Leichen regelrecht hochgeschwemmt, und es herrschte furchtbare Platznot. Dem machte erst die Enteignung der Kamaldulensermönche ein Ende, die San Michele über Jahrhunderte als exklusive Klosterinsel bewirtschaftet hatten. Von 1822 bis 1835 wurde das Gelände liebevoll zum Zentralfriedhof ausgebaut und mit Sonderabteilungen für Protestanten und Orthodoxe versehen – nur Juden hatten schon seit dem Mittelalter ihre letzte Ruhestätte auf dem Lido.

In der prächtigen Renaissancekirche von San Michele, die jetzt auch als Grabkapelle dient, tun heute zehn einsame Franziskaner Dienst und leben auch dort – die letzten Bewohner von Venedigs Toteninsel, deren katholischer Teil sich durch viel Beton und die wundervollen Schwarzweißfotos an vielen Grabstätten auszeichnet. Ansonsten herrschen hier die Singvögel und die Möwen mit ihrem melancholischen Schrei, vor allem im gekonnt verwilderten Gelände der Protestanten, wo es kaum Raumnot gab und herrliche alte Grabsteine mühsam der Witterung trotzen.

»Ein deutsches Herz ruht aus vom Schmerz«, heißt es etwa auf der Grabstätte des Carl Bernhard Aubin aus Frankfurt am Main. Hier ruhen unter halb umgekippten Säulen oder bemoosten Porträtbüsten königlich norwegische Konsuln neben schwindsüchtigen amerikanischen Kinderfräulein oder dem Freiherrn Philipp von Berlichingen, der als »Oberlieutenant im k.k. Chevauxliers Regiment Kaiser Ferdinand« am 30. November 1841 aus dem Dienst schied. Mächtige Koteletten zeigt das Relief des Kaufmanns Hans Wilhelm Meyer aus Fredericia, 1895 »død i Venedig«. Bei den Evangelischen liegt auch der faschistisch verblendete amerikanische Lyriker Ezra Pound. »Ciao, vecchio Ezra«, ruft ihm ein Verehrer schriftlich hinterher und legte eine Zugfahrkarte daneben.

Auch der russisch-amerikanische Nobelpreisträger Joseph Brodsky, der regelmäßig an der Bar des Café Florian zu überwintern pflegte und wundervolle Texte über Venedig hinterließ, wollte auf San Michele ruhen. Bei ihm finden sich – jüdischer Brauch – Steinchen und Muscheln auf dem Grab, häufig auch russische Kondolenzgedichte in zerfledderter Plastikfolie. Andere Prominente wie der Venedig-Liebhaber Igor Strawinsky samt seiner Gattin Vera ruhen auf der anderen Seite der Mauer bei den Orthodoxen, unweit vom Tanzgenie Serge Diaghilew, auf dessen Grabkubus stets einige Paar rosa Ballettschühchen vor sich hin faulen.

Mir sind weniger die großen Grabmäler von Prominenten, etwa der Komponistenfamilie Wolf-Ferrari oder der griechischen Königinwitwe Aspasia, ans Herz gewachsen als die verwahrlosten Ruhestätten ganz normaler Leute, die mit der Zeit tröstlich vergessen wurden. Da ist etwa die Amerikanerin Alice Harriet Hare, deren gemeißelter Bibelspruch schon halb in der Erde versunken ist, oder der arg bemooste Stein der russischen Fürstin Trubetzkoy, geb. Puschkin. Sie alle haben einst in Venedig gelebt, haben die Stadt vielleicht geliebt und sind hier einen hoffentlich leichten Tod gestorben.

Bleibt allerdings die Frage, wie Brodsky oder Strawinsky es am Ende nach San Michele geschafft haben, obwohl sie doch, wie es Vorschrift ist, weder in Venedig gewohnt haben noch dort gestorben sind. Signor Martinovich, der Herr über die Toten von Venedig, lächelt geheimnisvoll und sagt zum Abschied, während schon das Friedhofsvaporetto herantuckert: »Sie werden verstehen – auch im Tod sind die Menschen nicht alle gleich.«

46

McVivaldis Jahreszeiten

In etwas zerrupften Rokokokostümen stehen junge Leute auch in der Herbstkälte auf den Gassen und verteilen Programme für die abendlichen Konzerte. Denn in Venedig ist die klassische Musik eine Aufgabe für Drückerkolonnen, nicht so sehr für staatliche Subventionen. Jede Woche finden in den Kirchen der Stadt ein gutes Dutzend Veranstaltungen statt. Das Programm ist immer ähnlich: Vivaldi, Mozart, Bach und vereinzelt ein Einsprengsel von anderen Heroen der venezianischen oder wenigstens der italienischen Musiktradition wie Legrenzi, Galuppi, Marcello, Allegri. Klänge des glorreichen achtzehnten Jahrhunderts müssen immer dabeisein, allenfalls noch die frühe Romantik eines Bellini oder Rossini, deren Namen man auch im Ausland kennt. Denn diese Konzerte werden nicht für Einheimische gegeben.

Fabio Moresco kennt das Gewerbe gut. Er hat nach dem

Opernbrand als Chorist von La Fenice gekündigt, weil ihm die Atmosphäre im Zelt des Palafenice zu traurig erschien, und sich stattdessen der venezianischen Musikindustrie zugewandt. Sein Ensemble nennt sich »Orchestra Venezia Classic« und spielt Versatzstücke der großen Tradition für ungeübte Ohren, dafür aber in historischen Kostümen. Signore Moresco, mit Puderperücke und Bratenrock kein schlechter Casanovadarsteller, organisiert Auftritte in venezianischen Palazzi bei Firmenjubiläen, Karnevalsfesten oder Geburtstagen reicher Leute. Sogar mit dem blinden Tenor Andrea Bocelli ist sein Orchester bei solchen Anlässen bereits aufgetreten. Titel wie »Winde der Leidenschaft«, »Goldoniana« oder »Rückkehr nach Venedig« könnten auch Werbespots der Tourismusbranche untermalen, denn sie sind für das schnelle Hinhören arrangiert und sogar auf CD gepreßt: mit Rhythmuscomputer, flotten Synthesizermelodien und elektronisch verstärkten Streichern, denen höchstens eine wehmütig-neobarocke Cellomelodie voranschreitet wie dem Leichenzug der venezianischen Musik.

»Classic Light«, wie die Branche nach dem Vorbild der Zigarettenindustrie genannt wird, hat ihre Kunden. Die vierzehn Musiker des »Orchestra Venezia Classic« – allesamt Venezianer – können mit ihrem Engagement als klingende Botschafter der Stadt gutes Geld verdienen. Neulich waren sie in Japan auf einer Werbetournee der Provinz Veneto unterwegs und durften sogar vor dem Tenno spielen, der ja ein höflicher Mann ist und die Musik lächelnd lobte. Impresari wie Fabio Moresco gibt es in Venedig mehrere, und sie führen einen harten Wettbewerb. Die Kirchenkonzerte, für die unsere kostümierten Musiker auf der Straße werben, finden oft unter fiktiven Orchesternamen wie »Rondo Veneziano« statt. Das sind eingetragene Markenzeichen, die man bei den Rechte-Inhabern erwerben und unter denen man mit wechselnden Ensembles auftreten kann. Weil der Ertrag oft kaum die Saalmiete hereinbringt und das touristische Programm so eintönig immer wieder um Vivaldis Ohrwürmer kreist, ist die Leistung der Interpreten nicht allzeit meisterlich. Es soll zahlreiche Musiker in der Stadt mit einer »Vier-Jahreszeiten-Allergie« geben, weil sie nach ein paar hundert Repetitionen die »Quattro stagioni« des rothaarigen Priesterkomponisten nicht mehr hören und noch weniger spielen mögen. Vivaldi ist nach langer Vergessenheit erst vor gut vierzig Jahren wiederentdeckt worden – das dann aber so gründlich, daß er jetzt mit zwei, drei Hauptwerken die gesamte glorreiche Musiktradition Venedigs von Monteverdi bis Nono im Alleingang zu verkörpern hat.

Alessio Benedettelli, der zwanzig Jahre lang als Hornist im Opernorchester der Stadt wirkte, hat darum zum Ausgleich das Festival, das er vor sechs Jahren ins Leben rief, nach Baldassare Galuppi benannt. Der Komponist aus Burano, nur einige Jahre jünger als Vivaldi, steht für die ungehobenen Schätze aus dem Notenbestand einer Stadt, die einst ganz Europa mit Musik versorgte und dabei einen eigenen Stil prägte. Galuppis weniger rhythmisierte, dafür empfindsame und durchsichtig instrumentierte Werke, auch aus der Sakralmusik, gehören zum Kernbestand des herbstlichen Programms, mit dem Benedettelli auch die Venezianer wieder an ihre Wurzeln heranführen will: »Wir haben allesamt von dieser ewigen Fastfood-Klassik die Nase voll.«

Daß man die spritzigen Klänge Vivaldis auch anders spielen kann, bewies ein Konzert im prunkvollen Ballsaal der Cà Rezzonico, wo ein reines Klarinettenorchester den alten Partituren eine Klangfarbe irgendwo zwischen Minimalismus und blubberndem Unterwassersound verlieh. »Die Orte von Baldassare« – so der Titel des Festivals – führt bewußt weg von Rialto und San Marco zu entfernten Inseln, etwa nach Burano, wo Galuppi 1706 geboren wurde und ein Denkmal an ihn erinnert. Oder auf die verlassene Lazarettinsel, in deren riesigen Quarantänesälen vor kurzem erstmals ein Konzert mit Tangos von Astor Piazzolla und geistlicher Musik von Sofia Gubaidulina erklang. Zum nächsten Karneval will Benedettelli einige komische Opern Galuppis wiederholen, die er im Sommer bei bezaubernden Freilichtaufführungen den Venezianern vorstellte. Nur eines steht fest: Vivaldis »Quattro stagioni« stehen auch künftig nicht auf dem Programm.

47

Der Professor

Professor Ibsen kommt regelmäßig nach Venedig, meist fünfmal im Jahr im Abstand von etwa sieben Wochen. Er wohnt immer im selben Hotel in der Nähe vom Campo Santo Stefano, und er geht jeden Mittag ein paar Häuser weiter in immer dasselbe Restaurant. Dort begrüßen ihn die Kellner mit einem ehrfurchtsvollen »Buongiorno, Professore«. So stellen sich italienische Kellner einen echten Professor aus dem Norden vor: klein, glatzköpfig, in stets demselben karierten Jackett und mit einem imponierenden weißen Rauschebart.

Pünktlich gegen halb eins setzt sich der Professor – wenn es nicht zu kalt ist, natürlich draußen unter der Pergola – zu Tisch. Er kennt die Speisekarte, die er dennoch sorgsam studiert, auswendig. Er kennt Venedig seit fünfzig Jahren.

Schon in seiner Schulzeit in Kopenhagen vor dem letzten Weltkrieg hat er die Opern Mozarts, Verdis, Puccinis lieben gelernt. Daß er danach Italienisch studierte, daß er dann schließlich selbst an der Universität Italienisch lehrte, ergab sich fast von selbst. Italien, seine Sprache, seine Kunst, seine Musik haben das Leben des Professors erfüllt. In Siena hat er sich einen makellosen toskanischen Akzent erarbeitet, die Sprache Dantes und Boccaccios beherrscht er bis in den letzten Konsonanten und die letzte Vokalsynkope meisterhaft. Der Professor benutzt noch die beinahe ausgestorbenen Formen des »passato remoto«, so daß es klingt, als lese er alte Literatur, wenn er sich beim Kellner oder beim Zimmermädchen für die Dienstleistung bedankt.

Ansonsten ist er viel und gern allein, wie zuhause auch. Er hat seine altbekannten Pfade zur Accademia, deren Bilder er immer wieder eingängig betrachtet, und einige Kirchen sucht er hartnäckig auf. Am besten aber gefällt es ihm, scheinbar ziellos durch die Gassen zu streifen. Nun ist er weit über siebzig, und das Treppensteigen über die vielen Brücken fällt ihm sichtlich schwerer als früher, aber davon läßt er sich nicht abhalten. Er hat Zeit. Und er kennt die Stadt wie seine Westentasche, das macht ihm Spaß.

Manchmal besucht der Professor eine seiner diversen Studentinnen, die inzwischen einen Italiener geheiratet haben und verstreut in ganz Italien wohnen. Mit den Jahren hat sich ansonsten aber ein fester Reiseplan eingespielt, dessen wiederholender Charakter den ernsten Ritus dieser Wallfahrten verrät: Beginn in Bologna, wo es das jugendliche Flair einer Studentenstadt gibt; dann Florenz mit der Renaissancekunst und dem edlen Dialekt des Hochitalienischen; schließlich zur Krönung Venedig, das unvergleichliche.

Eigentlich muß man in Dänemark bis zum siebenundsechzigsten Lebensjahr arbeiten. Aber der Professor hat sich schon zwei Jahre vorher vom Lehramt zurückgezogen, um mehr Zeit für seine Italienstudien und seine Reisen zu haben. Damals hat er ernsthaft erwogen, mit Sack und Pack und Plattenspieler ganz nach Venedig umzuziehen. Er hat lange nach einer passenden Wohnung gesucht und sogar Inserate in der Zeitung aufgegeben. Aber er mußte lernen, daß der Mietwohnungsmarkt in dieser Stadt erbärmlich ist. Und, wie es in Venedig üblich ist, eine Wohnung zu kaufen, dazu fehlte dem Professor dann doch der Mut. Was, wenn sich plötzlich das Dach oder die Fundamente als baufällig erweisen sollten? Da ist das regelmäßige, bequeme Logieren im Hotel vorzuziehen. Auch so kann sich Professor Ibsen, wenn ihn die Kellner im »Santo Stefano« erfreut begrüßen und er sich die Serviette unter den imponierenden weißen Bart bindet, mit Fug und Recht als Venezianer fühlen.

Dann gibt es in der Stadt noch einige feste Anlaufstellen für den Musikliebhaber: das Notengeschäft in der Nähe des Campo San Giacomo dell'Orio oder der Plattenladen gleich um die Ecke von Rialto, wo er mit dem Ladenbesitzer über die verkannte Genialität des venezianischen Librettisten Francesco Mario Piave diskutieren kann. Professor Ibsen ist ein fanatischer Sammler vor allem italienischer Musik. Er studiert Klavierauszüge, um dem Zauber dieser Melodien auf die Schliche zu kommen. Es gibt keinen Raubmitschnitt einer seltenen Oper, den er nicht in die Finger bekäme. Fast vergessene Einspielungen von Pacini, Petrella oder Leoncavallo, seltene Recitals berühmter Sänger – die hört er daheim in seiner Wohnung in Kopenhagens Norden, wenn er gerade einmal nicht in Italien ist. Im Moment überarbeitet der Professor einen älteren Aufsatz zu den Frauenfiguren bei Giuseppe Verdi, über diese merkwürdig wehrlosen und hingebungsvollen Töchter und ihre besitzergreifenden Väter, die schließlich – wie im »Rigoletto« – das Mädchen naturgemäß dennoch verlieren. Verdi, sagt der Professor, hätte auch gerne eine Tochter gehabt, und er krault sich den langen Bart dazu.

Als Antidot gegen die Melancholie und die Vergeblichkeit, die aus Verdis Melodien aufscheinen, pflegt der Professor eine große Vorliebe für Mozarts Opern, vor allem für »Così fan tutte«, deren Zynismus hinsichtlich der Verläßlichkeit menschlicher Gefühle und hoher Werte ihm für die Conditio humana eine adäquate Beschreibung erscheint. Wo anders hat Mozarts kongenialer Librettist, der davongelaufene Priester Lorenzo Da Ponte, sich diesen unbarmherzigen Blick auf die Mitmenschen aneignen können als in den Gassen des lebenslustigen, des bigotten, des frivolen Venedig? Denselben Gassen, durch die der Professor jetzt noch gemessen und zuweilen humpelnd schreitet. Nicht jeder hört die Musik, die dieser verwinkelten Architektur innewohnt, für immer dort konserviert wie eine Fliege im Bernstein. Aber der Professor hört sie ganz genau.

Ein feste Burg

Auf dem kleinen Porträt aus der Cranachschule blickt Martin Luther milde, fast ein wenig ungläubig aus seinem Bilderrahmen, wenn sich im Oratorium zum Heiligen Schutzengel alle zwei Wochen die Protestanten Venedigs zum Gottesdienst versammeln. Kann es das geben, eine evangelische Gemeinde mit fast fünfhundertjähriger Tradition im katholischen Italien? Deutsche Predigt, Choräle und Abendmahl mit Brot und Wein ein paar Schritte von der Rialtobrücke entfernt? Die »Chiesa Evangelica Alemanna« zählt nicht nur zu den eigentümlichsten Gemeinden des Luthertums auf der Welt, sie ist auch für Venedig, die Stadt der vielen Konfessionen mit ihren zahlreichen Klöstern, ihren Griechen, Armeniern und Albanern, etwas ganz besonderes.

Die ersten Schriften Luthers tauchten bereits 1518 in Venedig auf. Die Anwesenheit deutscher Kaufleute im eigenen Handelshof, dem Fondaco dei Tedeschi, sorgte für eine schnelle Verbreitung der neuen Lehre. Daß der Geist klammheimlicher Gottesdienste und Predigten, die von Nürnberger und Augsburger Fernhändlern und ihren Familien abgehalten wurden, nicht auf die Venezianer übersprang, war höchstes Gebot für die päpstliche Inquisition, während die Obrigkeit der Serenissima hier anfangs nicht so genau hinschaute – schließlich stellten die Deutschen den wichtigsten Absatzmarkt für die orientalischen Produkte. Doch als mit den Jahren auch italienische Prediger den Papst angriffen und die evangelische Lehre propagierten, war es mit der Nachsichtigkeit vorbei. Während Luther selbst in einem Brief frohlockte, »die Venezianer nähmen das Wort Gottes auf«, ergingen bereits die ersten Urteile gegen Glaubenszeugen. 1556 ließ die Obrigkeit auf päpstliches Drängen den Bruder Baldo Lupetino in der Lagune ertränken.

Die deutschen Kaufleute wurden alsbald vorsichtiger. Wer wegen der guten Geschäfte nicht ins Exil gehen wollte, pflegte seinen Glauben im Verborgenen. Und trotz wiederholter haßerfüllter Interventionen der päpstlichen Nuntiatur, war es Venedigs Regierung zufrieden. Im siebzehnten Jahrhundert, nachdem der als Kaufmannsgehilfe getarnte Pastor entdeckt und ausgewiesen worden war, bildete sich schließlich ein ausgeklügeltes System, eine regelrechte Geheimkirche mitten im fromm katholischen Venedig heraus. Die sorgfältig überprüften Gemeindemitglieder mußten Verschwiegenheit schwören und sonntags unauffällig einzeln im Versammlungsraum im obersten Stock des Handelshofes erscheinen; sie durften nicht singen und keinen Lärm machen, und sogar ein Wachtmann war vor der Tür postiert. Immer wieder gab es auch, so berichtet Stefan Oswald in seiner »Geschichte der deutschen Gemeinde«, Streit um die protestantischen Toten, die in den Augen der Katholiken ihre Gotteshäuser entweihten – und am Ende doch irgendwie ein Unterkommen ertrotzten. So überlebte das Luthertum in der Diaspora und sorgte mit dafür, daß die Deutschen – oft um die neunhundert Leute – die wohl wichtigste ausländische Gemeinde in der multikulturellen Historie der Stadt bilden und Venedigs Geschicke mitgestalten konnten.

Doch erst im Italienischen Königreich von 1866 genossen die Evangelischen volle Religionsfreiheit. Selbst unter den Österreichern, da sie aus dem Fondaco ins Schutzengeloratorium am Campo SS. Apostoli umgezogen waren, hatten sie ihre Kirche nur durch einen versteckten Nebeneingang betreten dürfen. Heute erinnern im Untergeschoß Gedenktafeln an großzügige Stifter, vor allem die Kaufmannssippe von Heinzelmann. Ein hohenzollernsches Wappen spricht von alten Tagen, da Kaiser Wilhelm sich in Venedig zu seinen Mittelmeerkreuzfahrten einschiffte und die Glaubensbrüder mit einer Orgel beschenkte. Sogar eine deutsche Schule gab es um die vorletzte Jahrhundertwende, bevor der Erste Weltkrieg die Blütezeit beendete.

Heute spielt an den Sonntagen des Gottesdienstes Glaucio Metzger die kaiserliche Orgel, die inzwischen ein wenig ins Schnaufen gekommen ist, aber immer noch mit preußischem Eifer ihren Dienst tut. Um halb elf ist die Gemeinde aus fünfzehn bis zwanzig Ansässigen, meist Frauen, nebst einigen Touristen beisammen. Es sind Deutsche, die in Venedig arbeiten oder die als Kinder deutscher Kaufleute hier geboren wurden und in der Stadt geheiratet haben. Eine Dame erzählt, daß ihr venezianischer Mann vor Jahrzehnten eigentlich nach Skandinavien wollte, um eine langbeinige Blondine kennenzulernen. »Er kam nur bis Bad Harzburg«, lacht sie. Heute ist sie längst Großmutter einer venezianischen Sippe.

Betreut wird die Gemeinde seit über zwanzig Jahren von Pastor Jürg Klemann, der auch für die toskanischen Protestanten zuständig ist und in Fiesole wohnt. Lange Zeit hat er anläßlich der Gottesdienste unter der Orgel in der Sakristei kampiert, heute wohnt er, gut ökumenisch, bei seinen Aufenthalten in einem katholischen Konvent in der

Nähe. Seine kleine Gemeinde, im ganzen Veneto nicht mehr als fünfzig Ansässige, aber auch viele Gönner und Teilzeititaliener, bringt gehörige Beiträge auf. In Italien gibt es keine Kirchensteuer, und vieles muß restauriert und instandgehalten werden, wozu allerdings auch die evangelische Kirche aus Deutschland einen Obolus beisteuert.

Doch das Geld ist nicht das Hauptanliegen von Pastor Klemann, einem unkonventionellen und milden Herrn, der seine Gemeinden einstweilen auch nach der Pensionierung weiter betreut. Und nicht einmal der formelle Gottesdienst bildet hier in Italien das Rückgrat des Bekenntnisses, sondern das Beisammensein, das Austauschen von Erlebnissen und das Gefühl, mit anderen ähnliche Erfahrungen zu teilen. Oft genug hat der Pastor in Privatwohnungen in ganz Norditalien Andachten und informelle Treffen abgehalten und damit die Diaspora am Leben erhalten. Seine Gottesdienste haben daher den Charme des Graswurzelchristentums, leben von der Mitgestaltung aller und von den nachdenklichen Fragen des Pastors, wenn – wie er vor der Predigt sagt – »der lange Klemann sich auf die Kanzel quält«.

Vor allem die Frauen gestalten das Programm mit, erzählen von den kleinen Begebenheiten des Alltags, die für sie Wurzeln und Identität bedeuten, singen auch die Lieder aus dem Gesangbuch durch alle Strophen versiert mit und lauschen auf ihren ledergepolsterten Kirchenbänken den fast schon literarischen, immer leisen und selbstironischen Worten ihres Pastors. Jürg Klemann erinnert an die Gesprächsreihe zu jüdischen Denkern, die man derzeit mit großem Zuspruch organisiert. Nur die deutsche Kantorei, die jahrelang existierte, hat man mangels Nachwuchs schließen müssen.

Zum Ende treten sie dann alle nach vorne an den Altar mit der barocken Muttergottes, gleich neben dem immer milder dreinblickenden Lutherbild. Der Pastor reißt das Brot in kleine Stücke, reicht den Wein herum und erinnert an die »diversen Gräber und Staubigkeiten«, aus denen wir Tag für Tag auferstehen müssen. Dann bilden sie einen Kreis und fassen sich an der Hand – die Lutheraner von Venedig, ohne die die Stadt nicht geworden wäre, was sie ist.

49

Die gläserne Insel

Kronleuchter eignen sich eigentlich nicht als Souvenir. Wie wollen amerikanische Touristen den tonnenschweren Muranolüster im Gepäck verstauen, den sie gerade für einen horrenden Preis zum Schmuck ihres Heims im Mittelwesten auserkoren haben? Wie kriegen andere Reisende die hauchzarten Weingläser ohne Bruch über den Brenner? Wer geht das Risiko ein, eine verzierte Riesenvase in den vollen Kofferraum zu pressen? Für Hunderte von Muranoglashändler in der Stadt ist das kein Problem. Sie wickeln ihre Ware mehrfach in Polsterfolien und Seidenpapier, als wären es Mumien; sie packen kunstvolle Kartons und schicken alles den Kunden hinterher – zur Not bis nach Australien. Der Kronleuchter wird dabei allerdings in tausend Einzelteile zerlegt, weshalb Käufer unbedingt das gute Stück fotografieren sollten. Sonst wird aus dem funkelnden Souvenir zuhause ein trauriges Mobile.

Auf den ersten Blick wirken die vielen Glasläden wie der Inbegriff touristischer Monokultur, nutzlos für den Alltag der Venezianer, die zwischen Maskenshops, Papiergeschäften und dem bunten Glaszeugs vergeblich nach Käse, Wurst oder Mineralwasser suchen. Und doch gehört das Glas aus Murano zur Geschichte Venedigs wie sonst nur Gondeln und der heilige Markus. Bei Ausgrabungen auf einer Laguneninsel haben sich durchsichtige Scherben aus dem siebten Jahrhundert gefunden, und bereits im Jahr 982 wird in einem Dokument erstmals der »fiolaro« Domenico – ein Phiolenmacher – erwähnt. Die über tausendjährige Tradition hat bei den Historikern zu der Vermutung geführt, in Venedig könnte sogar über die Völkerwanderung hinweg die römische Fertigkeit der Glasbereitung überlebt haben. Sicher ist, daß die frühen Kontakte nach Byzanz – hier vor allem Theben – und in den Orient, wo das syrische Glas legendär war, Venedig mit dem funkelnden Stoff in Verbindung brachten. Mit der typisch venezianischen Kombination von Industriespionage und Abwerbung guten Personals gelangten die neuesten Techniken zur Lagune, und die Händler mit ihren europäischen Absatzwegen von England bis ins Baltikum machten glänzende Geschäfte.

So ist der Reichtum der Stadt nicht nur auf Sand, sondern auch auf Glas gebaut. Quellen aus dem dreizehnten Jahrhundert zeugen vom Großhandel deutscher Kaufleute mit Massenware: Weingläser, Karaffen, Kannen. Man darf behaupten, daß die Deutschen den Luxus, Wein oder Bier aus Gläsern zu trinken, bei den Venezianern abgeschaut haben. Bis in die Neuzeit übte Glas eine große Faszination im gesamten Okzident aus, diente als luxuriöses Geschirr – wundervoll bemalte Exemplare finden sich im Glasmuseum von Murano – ebenso wie für klimpernde Rosenkränze, Brillen, Spiegel und Lampen. Der hochspezialisierten Glasindustrie von Murano verdankten die venezianischen Palazzi schon im Spätmittelalter, als anderswo allenfalls hölzerne Läden knarrten, die Fensterverglasung.

Nachdem um 1300 wegen der Feuergefahr die Brennöfen in der Innenstadt verboten wurden, konzentrierte sich das Gewerbe arbeitsteilig auf der Nachbarinsel. Mit istrischem Brennholz loderten hier Tag und Nacht die Feuer. Hier wurden von hochqualifizierten Fachleuten immer neue Mischungen aus Quarzsänden ausprobiert, bis Murano schließlich schöneres Glas fabrizierte als der Rest der Welt und Muranoleuchter sächsische Schlösser wie amerikanische Landhäuser illuminierten und der Herzog von Burgund seinen Wein ebenso wie Rußlands Zar aus Muranokelchen trank. Kein Wunder, daß auch die Venezianer Gefallen an der heimischen Produktion fanden – kein Herrenhaus am Kanal, keine venezianische Kirche ohne prachtvollen Lüster mit Blümchen, Rosetten und Akanthusblättern in den zarten Farben des gläsernen Frühlings. Wie groß die Passion für den heimischen Werkstoff war, verdeutlicht ein Prozeßdokument aus dem Jahr 1400: Ein Muranese hatte seinem Nachbarn eins übergebraten, weil der zu laut Trompete blies – das Instrument war aus Glas.

Heute ist Murano, das von 1279 bis 1924 selbständige Gemeinde war, eine etwas langweilige Insel und für manche Venezianer eine preiswertere Schlafstadt, wo wenigstens genug Fläche für einen Sportplatz oder Gewerbehöfe ist. Aber immer noch dreht sich hier alles ums Glas. Vom Bootsanleger reihen sich quer durch die Siedlung die Läden, in deren Schaufenstern eine gläserne Welt ausgestellt ist. Hier gibt es alles, was man nicht so dringend benötigt, sich aber in einem schwachen Moment vielleicht anschafft, um es hinterher ewig zu bereuen: Aschenbecher, Flakons, Schachspiele, Schlüsselanhänger, Briefbeschwerer, Glasperlenketten, Armbanduhren oder wulstige, unappetitlich grelle Kleinskulpturen, die man nicht nur beim Abstauben verfluchen wird. Vor Weihnachten kommen selbstverständlich noch Tannenbaumkugeln und Engelfiguren hinzu – alles bunt und funkelnd, wie es die Venezianer in ihrem graunebligen Klima zur Winterzeit so lieben.

Das Glasgewerbe ist hart, die Konkurrenz groß, seit man nach einer beinahe tödlichen Krise im neunzehnten Jahrhundert die Produktion meist auf Touristenware umgestellt hat. Voriges Jahr kam es zu einer Anzeige, weil zwei reiche Japaner sich derart von den Verkäufern bedrängt fühlten, daß sie keinen anderen Ausweg mehr sahen, als mit der sprichwörtlichen Botmäßigkeit des Fernen Ostens für ein paar tausend Euro Vasen zu ordern. Edle Markenfirmen wie Venini, Pauly, Seguso oder Moretti, die ihre schillernden Vasen von berühmten Designern entwerfen lassen, haben solche Methoden nicht nötig. Vor nicht allzu langer Zeit ist übrigens Veneni, das jahrelang in dänischer Hand war, von Investoren aus dem Veneto zurückgekauft worden.

Interessierte können in manchen Werkstätten die Fabrikation begutachten. Regelrechte Bühnenränge hat man hier aus Holz gezimmert, von denen aus die Touristen vor dem 1200 Grad heißen Brennofen die immense Kunstfertigkeit der Meister beim Glasblasen, Verformen der Masse im Quarzsand, Abknipsen von Resten und Abkühlenlassen im siedenden Wasserbad verfolgen können. Leerstehende Werkhallen in Muranos Seitengassen deuten jedoch mit ihren abgekappten Gasleitungen und kalten Öfen auf eine gewisse Krise des uralten Gewerbes. Zwar arbeiten hier immer noch zweitausend Menschen, doch vieles vom original bunten Nippes kommt längst aus Ungarn oder Böhmen. Allerdings bietet Murano weiterhin genügend Meister auf, daß anerkannte Glaskünstler aus aller Welt auf die Insel kommen und hier ihre Skulpturen fertigen, die dann auch in der Innenstadt in Galerien angeboten werden.

Glas ist nichts anderes als gefrorene, aber jederzeit zerbrechliche Bewegung. Gehört es deshalb seit tausend Jahren zu dieser Stadt auf wässrigem Parterre? Die Venezianer jedenfalls lieben Muranoglas und kommen vor allem in den Vorweihnachtstagen auf die kleine Nachbarinsel. Dann nämlich halten manche Hersteller – in unauffälligen Hinterhöfen und nur auf persönliche Einladung – ihren Adventsverkauf mit preiswerten Stücken zweiter Wahl ab. Da sieht man dann reiche Venezianerinnen im Pelzmantel unerbittlich die Gläser gegen das Licht halten, die Signaturen prüfen und mit den Verkäufern feilschen, um schließlich mit vollen Geschenktaschen zum Bootsanleger abzuziehen. Denn eines wird es zu Weihnachten ganz gewiß nicht geben: einen venezianischen Gabentisch ohne Muranoglas.

Die stolzen Gondelbauer

Den kalten Winter über in einem offenen, zugigen Schuppen zu arbeiten, macht Nedis Tramontin nichts aus. Seit fast siebzig Jahren arbeitet er so, am Rio dell'Avogaria in der väterlichen Werkstatt, deren Gelände sich hinter hohen Mauern sanft zum Kanal hin absenkt. Die Firma Tramontin baut seit vier Generationen Gondeln, und zwar bis heute mit den alten Maßstäben und Schablonen, die der Gründervater Domenico schon 1884 benutzte.

Heute leitet Nedis' Sohn Roberto, ein großer, kräftiger Handwerker mit Seemannsschnauzbart, die Werkstatt. Wer eine Gondel aus seiner Hand, mit den klassischen drei Winkeln als Meisterzeichen, sein Eigen nennen will, braucht vor allem Geduld. Derzeit liegt die Lieferzeit bei sechzehn Jahren, denn die Tramontins lassen sich mit ihrer Arbeit genau die Zeit, die sie braucht. Nicht viel mehr als zwei Gondeln lassen sie im Jahr vom Stapel, die Kunden sind –

wie auch bei den zahlreichen Reparaturen – fast ausschließlich venezianische Gondolieri, die mit den aufwendigen Lagunenschaukeln ihren Lebensunterhalt bestreiten und den Erwerb lange im voraus planen. Jedes Jahr braucht das sensible Boot eine neue Lackierung, alle zwölf Jahre ist eine Generalüberholung fällig, und nach allerhöchstens fünfunddreißig Jahren Dienst im salzigen Lagunenwasser ist die Gondel hinüber.

Freilich gibt es noch Exemplare, die über hundert Jahre zählen, aber solche Raritäten – etwa das Schaustück des Tramontinschen Urgroßvaters im Palazzo Barbaro am Canal Grande – hat man schon lange aus dem Verkehr gezogen und lagert sie im Trockenen wie Kunstwerke. Tatsächlich hat dieser schmale Bootstyp, der erst im sechzehnten Jahrhundert als städtisches Taxi aufkam, viel von einem Luxusartikel. Gondeln werden aus acht verschiedenen Sorten Holz gefertigt, die nach genauen Vorschriften ineinander gefügt und beschliffen sein müssen. Den Vergleich mit einem gewöhnlichen Schreiner empfindet jeder Gondelbauer als Beleidigung.

Bei Tramontins in der kleinen Werkhalle stapeln sich die unterschiedlichsten Bretter; Hobel, Feilen und Sägen liegen herum, während Nedis, Roberto und ihr einziger Geselle gerade ein neues Exemplar auf den uralten Spann ziehen. Vor zwei Wochen wurde die vorige Gondel fertig, vom Auftraggeber mit einem kleinen Fest und einer kirchlichen Segnung gefeiert. »So ein Stapellauf ist jedesmal, als ob ein Kind das Haus verläßt«, sagt der alte Nedis melancholisch.

In ganz Venedig gibt es noch fünf Werkstätten, darunter die malerische, oft von Touristen fotografierte Arbeitsstätte an San Trovaso oder die Firma Crea auf der Giudecca, wo auch andere Bootstypen in großem Stil vom Kiel bis zum Ruder gefertigt werden. Im Familienbetrieb Tramontin, wo man Ausschmückung, Lackierung und die metallene Zier am Steven (das sogenannte »fero«) inzwischen Fachbetrieben überläßt, will sich indessen niemand hetzen lassen. Dutzende Boote könnte die Firma beispielsweise nach Amerika verkaufen und hat dies einst auch schon mal gemacht. Die exakt 10,83 Meter lange Barke wird dann einfach in der Mitte auseinandergesägt und später wieder geklebt. Doch mit solchen Hauruckgeschäften, wenngleich sie auch mehr als die üblichen zwanzig- bis dreißigtausend Euro einbringen, wollen die Tramontins ebensowenig mehr zu tun haben wie mit den geschnitzten Forcole, den hölzernen Ruderlagern, die hier und da als Souvenirs verkauft werden. »Americanata« – amerikanischen Kitsch – nennen die Tramontins dergleichen Devotionalien.

Opa Nedis zieht einen merkwürdigen Zollstock aus der Tasche und bemerkt, man arbeite selbstverständlich mit dem herkömmlichen venezianischen Unzenmaß, der »uncia«. Auch die charakteristische Krümmung, die die Seitwärtsbewegung des Ruders wieder ausgleicht, wird mit einer alten bananenförmigen Schablone aufs Holz übertragen. Vor Jahrhunderten war so eine Gondel zweifellos das luxuriöseste Gefährt vor der Erfindung der Eisenbahn. Die reichen Venezianer konnten quasi in Socken ohne jede Erschütterung, ohne Straßenkot und unter dem Schutz von Sonnen- und Regendächern überall in der Stadt vorfahren, zumal fast jeder Palast damals mit der Bootsgarage, der »cavana«, über einen trockenen Wassereingang verfügte. Um den Patriziern, die sich gerne auch zu Stelldicheins oder Diners auf der Gondel verabredeten, ein Höchstmaß an Diskretion zu gewähren, gab es eine Kabine mit Vorhängen – überhaupt ist das Boot nur darum so lang, um den Passagieren den rudernden Domestiken weit vom Leib zu halten. Die enge Touristengondel mit ihren vier, fünf Plüschsesseln und ohne das klassische Verdeck bietet nurmehr einen Abglanz dieser prachtvollen Bequemlichkeit.

Inzwischen, so hat man bei den gemächlichen Tramontins den Eindruck, ist die Liebhaberei auch auf das Gewerbe der Gondelbauer selbst übergegangen. Die Tramontins führen ein dickes Gästebuch, um über die vielen Fernsehteams von Korea bis Kanada und die zahllosen Fotoreportagen einigermaßen den Überblick zu bewahren. Während der alte Nedis auch an Sonntagen in die Werkstatt kommt, um irgendetwas zu sägen und zu schleifen, interessiert sich sein Sohn übrigens vor allem fürs Segeln. Für Regatten in der Lagune hat er sich jüngst ein prächtiges Holzboot gebaut. Das ist sein ganzer Stolz. Die Gondelei, das sagt er ganz unverhohlen, ist ihm einfach zu langsam und zu anstrengend.

Auf Wagners Spuren

Ein festlich erleuchtetes Vestibül; Menschen in Smoking und Abendkleid, die ihre Pelzmäntel an der Garderobe abgeben; Saaldiener in Livree; prunkvolle Treppenhäuser – alles im Palazzo Vendramin-Calergi wirkt wie bei einer Opernpremiere. Doch die Ausweiskontrolle, die Hinweisschilder für Black Jack und Roulette sowie die Pistolen des Wachpersonals zeigen: Wir sind im Casino am Canal Grande. Allerdings ist der Grund unseres Hierseins ein anderer. Wir sind durch die Hintertür gekommen, um die Wohnung eines Mannes zu besuchen, der hier lange vor der Eröffnung des Casinos, nämlich am 13. Februar 1883, gestorben ist: Richard Wagner. Die Opernatmosphäre, welche die Kronleuchter, die festlich gekleideten Glücksspieler und ihre schönen Begleiterinnen verströmen, ist also keineswegs fehl am Platze.

Erst 1995 gelang es Venedigs Richard-Wagner-Verband, die Sterberäume als kleine Gedenkstätte umzugestalten, doch der Eintritt ist nur samstagvormittags nach Voranmeldung und im Rahmen einer Führung möglich, denn die Verantwortlichen wollen keinen störenden Museumsbetrieb. Während nebenan in den Prunksälen die Roulettekugel rollt, kommen wir auch im bescheideneren Mezzanin aus dem Staunen nicht heraus. Wagner, der zum Abschluß seines Lebenswerkes – und erstmals mit finanziellem Erfolg – den »Parsifal« in Bayreuth herausgebracht hatte, sparte an nichts, als er bei einem bourbonischen Grafen für sich und seine Familie ganze achtundzwanzig Zimmer angemietet hatte, mit zwei Küchen, Schaufront zum Canal Grande, einer gesondert abgeriegelten Künstlerwohnung und separatem Eingang. Unten wartete der eigene Gondoliere, und vor allem gab es eine moderne Zentralheizung, was der kälteempfindliche Komponist besonders schätzte.

In einigen Vitrinen wird auf Wagners besondere Beziehung zu Venedig eingegangen. Sechsmal kam er zu längeren Aufenthalten in seinen »schönsten Ort«. Den zweiten Akt zum »Tristan« komponierte er 1858/59 kanalabwärts im Palazzo Giustiniani, auf einem eigens über den Gotthard geschleppten Flügel. Und wenn man mag, kann man den wehen, sehrenden Tonfall des Werkes, die spätromantische Todessehnsucht in den winterlich schwarzen Fluten und den Widerspiegelungen der Paläste evozieren. Schlecht ging es dem steckbrieflich gesuchten Revolutionär damals, im Kanal wollte er sich gar ertränken (»Mein Fall wäre nicht vernommen worden«). Doch der Gesang der Gondolieri, der Markusdom, Tizians Malerei – all das bezauberte ihn dann ein Leben lang.

Ausgerechnet den germanentümelnden Deutschmeister zog es immer wieder zum welschen Tand Italiens, ausgerechnet ihm, der in Venedigs Ruhe wundervoll schlief, der die gute Luft genoß und Inspirationen bekam, verdanken wir enthusiastische Schilderungen der Stadt. Der Grund? »Der Hauptreiz für mich«, schreibt er 1858 seiner

Frau Minna, »besteht darin, daß mir alles doch immer so fremd bleibt, als ob ich eben nur im Theater wäre.« Damit stellte sich Wagner an die Spitze der zahlreichen Décadents, die im schwankenden Venedig seit je den Gipfel des Artifiziellen, der Weltvergessenheit und das größte Gesamtkunstwerk des Abendlandes sehen. Dort gehörte Wagner hin. In Venedig wollte er nicht sterben, sondern leben, denn er mietete 1882 den Palazzo Vendramin gleich für drei Jahre mit einer Option auf weitere fünf. Er staunte über Goethe, der es in Weimar und dem kalten deutschen Klima ausgehalten habe. Aus sicherer Distanz lästerte Wagner über sein schlimmstes Erbe, die Wagnerianer, wie Cosima notierte: »Parteigänger, die wie gemacht seien, um die Gedanken, die er ausspricht, der Lächerlichkeit preiszugeben.« Und er machte sich über Bayreuth lustig, wo er schließlich nur zufällig gelandet war und wohin er nie mehr zurückkommen sollte: »Nun, ich sehe doch lieber die Stadt hier als die Allee nach Eremitage.«

Aufgekratzt saß der Komponist, der Weihnachten 1882 für seine Frau noch einmal sein erstes Werk, eine Jugendsinfonie C-Dur aus dem Jahr 1832, im Teatro La Fenice aufführen ließ und damit sein Leben gerundet hatte, unter den Säulen von San Marco auf seinem Lieblingsplatz und unternahm mit den Kindern tägliche Gondelfahrten. Wagner, der vermeintlich deutscheste aller Komponisten, war bei seinem langen Abschied endgültig zum Venezianer geworden und wollte nicht mehr weg: »Es ist schön, in der Nähe von so etwas zu leben.«

Für die Gedenkstätte eines der größten abendländischen Künstler aller Zeiten ist der Wagner-Saal ziemlich bescheiden, dafür aber mit außerordentlich viel Liebe eingerichtet. Die Gestaltung mit historischen Aufführungsplakaten und einer Totenmaske in Bronze verdanken wir vor allem dem Ehepaar Pugliese, das den venezianischen Wagner-Verband maßgeblich ins Leben gerufen hat, das Konferenzen und Konzerte veranstaltet und das selber die Besichtigungen organisiert. Während wir die prächtigen seidenen Wandbehänge bestaunen, ertönt aus zwei kleinen Aktivboxen dezent das Tristanvorspiel von einer Kassette.

1883 war allerdings alles viel prächtiger; eine Zeitzeugin schwelgt in der Erinnerung an Hunderte von duftenden Atlasrosen, an einen sechsfachen Seidenvorhang, an einen in glitzernde Seide verpackten Flügel. Der Meister deutscher Handwerks-Schlichtheit, der antikapitalistische Revolutionär und fanatische Antisemit liebte es eben kostbar, plüschig und schummrig, wenn er den Moët trank, den ihm sein Gondoliere aus dem Hotel Europa herüberruderte. Jedoch ist vom Mobiliar nichts mehr übrig, auch den opulenten Sterbedivan nahm Cosima mit nach Bayreuth und schlief bis zu ihrem Tod im Jahr 1930 darauf. Auf jenem Ruhemöbel hatte sie genau vor einhundertzwanzig Jahren ihren nach Atem ringenden Gatten gefunden, seine Taschenuhr war mittags um zwei zu Boden gefallen, der eilig gerufene Arzt konnte nichts mehr machen. Wahrscheinlich wurde Wagner in seiner parfümierten Kuschelhöhle ein Asthmaanfall zum Verhängnis, den sein schwaches Herz dann nicht mehr verkraftete.

Mein persönliches Lieblingssouvenir ist eine Schallplatte mit Wagner-Ouvertüren, gespielt von einem Caféhausensemble am Markusplatz – heutzutage haben diese Ensembles weder den »Tristan« noch die »Meistersinger« im Programm. Einst hatte Wagner bei einer Tasse Mokka dort selbst seine Musik von österreichischen Militärmusikkapellen gnädig und ein ganz klein wenig geschmeichelt angehört. Manch getragenes Melodiengewebe klingt im Arrangement für Salonmusik allerdings verdächtig dünn, vor allem wenn die mächtigen Markusglocken dagegen ertönen. Aber was schrieb Wagner, dieser überzeugte Venezianer, versöhnlich über seine Sterbestadt? »Hier sollen die Wunden heilen und sich schließen.« Seine Wunden haben sich daran gehalten.

Weisser Zauber

Wenn in Venedig Schnee fällt, bleibt er meist nicht lange liegen. Dafür sorgt das feuchtmilde Meeresklima, das seit Jahren in ganz Südeuropa strenge Winter verhindert. Nur die ältesten Venezianer können sich noch an monatelange Eiszeiten wie 1932 erinnern; damals fror sogar die Lagune zu, und die Leute konnten zu Fuß nach Murano hinüberlaufen. Zum Glück halten alte Postkarten diesen Ausnahmezustand fest, sonst würden die Kinder von heute, die mit warmen Wintern großgeworden sind, das wohl kaum glauben. Damit die Lagune einfriert, muß die Temperatur schon unter minus zehn Grad fallen, denn das Lagunenwasser ist in Maßen salzig und gefriert nur schwer.

Wenn dann aber tatsächlich einmal – meist nach einem Temperaturwechsel von eiskaltem Bora-Nordwind zu niederschlagreichem Schirokko – die Schneeflocken in den Gassen liegenbleiben, verwandelt sich die Stadt mehr noch als sonst in ein stilles, verwunschenes Malermotiv. Fotografen und Kamerateams des Lokalfernsehens schwärmen sogleich aus, um gotische Wimperge an San Marco, schräge Dächer und Campanili unter dicken, weißen Hauben abzulichten. Eile ist geboten, denn meist ist die Pracht nach ein paar Stunden schon wieder verschwunden.

Die Venezianer sehen den Schnee mit gemischten Gefühlen. Wie überall am Mittelmeer verdrängt man die Nebenwirkungen des Winters am liebsten. »Schnee bei uns? Das zieht sowieso vorbei«, versicherte uns der Gemüsehändler noch am Tag vor der Schneekatastrophe, die Mitte Dezember 2001 über Venedig hereinbrach. Zwar hatte die Wettervorhersage die Niederschläge fast auf die Stunde genau angekündigt, doch trafen sie die Venezianer vollkommen unvorbereitet. Am Abend schlitterten nur noch Vereinzelte über einen weißen, herrlich leeren Markusplatz, auf dem Kinder sogar einen kleinen Schneemann errichtet hatten, während in den Gassen und auf den Brücken die Menschen reihenweise ausrutschten und mit gebrochenem Handgelenk oder Steißbein per Boot ins Krankenhaus gefahren werden mußten. Tausende Pendler blieben an der vereisten Busstation Piazzale Roma stecken und schafften den Heimweg aufs Festland nicht mehr. Zweihundert Unglückliche mußten die Nacht am Flughafen Marco Polo verbringen, weil im Schneetreiben weder Busse noch Taxis noch Boote fahren konnten. Ein Greis in der Nachbarstadt Chioggia rutschte am Kai aus, schlug mit dem Kopf gegen eine Wand und war tot. »Schwarzen Donnerstag« tauften farbenblinde Lokaljournalisten diese Katastrophe.

Danach brach – wie in Italien üblich – mit aller Macht das Gezeter über die Schuldfrage los. Bürger verklagten die Stadtverwaltung, die Opposition forderte den Rücktritt des Bürgermeisters, und noch immer dachte niemand daran, Salz zu streuen oder gar den Schnee, der sich langsam überall festtrat, wegzuräumen. Erst nach zwei Tagen schrieb die Stadtverwaltung Ferienjobs für acht Euro Stundenlohn aus, damit das Eis endlich mit Pickel und Schaufeln mühsam von den Gassen geschlagen werden konnte. Mit Höllenlärm half an den neuralgischsten Punkten eine elektrische Fräse beim Räumen. Da war dann selbst für bezauberte Touristen alle Schneeromantik vorbei.

Nicht immer erwiesen sich die Venezianer als derart ungeschickt im Umgang mit dem Schnee. Im Gegenteil: Nachdem die Serenissima 1420 weite Teile des Festlands eroberte, entwickelten die Lenker der Seefahrerrepublik ungekannte Kletterqualitäten. So setzte der Rat der Zehn, der im Dogenpalast gleich über der Wasserlinie tagte, regelmäßig die Statthalter im Dolomitenbezirk Cadore ein und kümmerte sich um Wohl und Wehe der Almen, Alpenpässe und Gletscherregionen der Dreitausender. Die Bergler genossen zwar weitgehende Autonomie, doch vor allem die Holzwirtschaft wurde akribisch von der Lagune aus überwacht, denn dort benötigte man die Stämme als Bau- und Ruderholz für Schiffe sowie als Brennmaterial für die Muranoglasöfen oder die Kamine der Patrizier. Noch heute hütet der Hochwald des Cansiglio bei Belluno wundervolle Laubwaldbestände, weil dort die um zwanzig Meter langen Ruderstämme gezogen, über Pfade ins Tal geschlittelt und im Wasser bis nach Venedig geflößt wurden. So berichtet der staunende Ulmer Mönch Felix Faber, der sich 1484 mitten im Winter durch das venezianische Gebirge schlug, vom unablässigen Transportverkehr selbst im Tiefschnee.

Über die Jahrhunderte wuchs eine echte Symbiose zwischen der amphibischen »Dominante«, der Hauptstadt, und dem verschneiten Bergland heran. Venedig verdankt also dem Hochgebirge nicht nur seinen größten Maler, Tizian, der um 1478 in Pieve di Cadore, tausend Meter über dem von ihm so wunderbar eingefangenen Sfumato der Lagunenluft, geboren wurde. Heute beweisen die reichen Venezianer ihre Liebe zum Schnee durch ein beliebtes Statussymbol: die obligatorische Wohnung in Cortina d'Ampezzo. Der herrlich gelegene Ort im amphitheatralischen Hochland gehörte immerhin von 1420 bis 1511 zur Serenissima; seit den fünfziger Jahren des zwanzigsten Jahrhunderts wurde er regelrecht von den skifahrenden Lagunenbewohnern zurückerobert. Zu den winterlichen Festtagen, die in Italien von Weihnachten bis zum 6. Januar währen, zieht es außer der gesamtitalienischen Schickeria besonders den venezianischen Geburts- und Geschäftsadel in die Dolomiten. In jenen Wochen sind die Berge für Venedigs Gesellschaft so verpflichtend wie das sommerliche Sylt für die Hamburger oder der Starnberger See am Wochenende für das feine München.

Wer weniger wohlhabend ist, fährt wenigstens übers Wochenende in anderthalb Stunden in den Schnee, während der Saison mit speziellen »Weißen Sonderzügen« ab der Stazione Santa Lucia und neuerdings sogar zum Sommerski. Venedig hat diverse Skiclubs; ein Ruderverein in Murano unterhält seit Jahrzehnten eine Partnerschaft mit Cortina zum Zwecke kollektiven Schneevergnügens, wofür die Skilehrer im Sommer gratis Ruderstunden bekommen. Wer also an einem warmen Maitag auf einem Vaporetto Menschen mit Skiern über der Schulter trifft, leidet keineswegs an Halluzinationen. »Venedig und das Hochgebirge«, so erklärt es unser Nachbar, der Elektroingenieur Spavento, »sind die einzigen Orte, an denen ich es aushalte. Nur im Schnee und hier bei uns fahren keine Autos, nur hier ist die Stille vollkommen.« Im Winter zieht der Ingenieur darum freitagmittags den Rolladen herunter und verbringt das Wochenende in seiner abgelegenen Skihütte in den Dolomiten, zwei Kilometer über dem Meer.

Besonders beliebt sind die Venezianer in den Bergen übrigens nicht. Mag sein, daß die knorrigen Alpenbewohner die Zeit der hochnäsigen Dominante und der venezianischen Statthalter noch nicht vergessen haben, obwohl das doch inzwischen über zweihundert Jahre zurückliegt.

Mag sein, daß die vielen leeren Ferienwohnungen der reichen Provinzhauptstädter für Unmut sorgen. Oder es ist schlicht die angeboren hautaine Art tausendjähriger Dogengeschlechter und der ostentative Lagunendialekt, die den wackeren Leuten der Dolomiten nicht passen. Darum erzählt man sich dort den Witz, die Venezianer seien ein bißchen dumm: Aus purer Gewohnheit schnallten sie die Ski stets verkehrt herum aufs Autodach, mit den Spitzen nach vorne. Warum? Weil sie selbst im Schnee an ihre Gondeln denken.

53

Karneval

Wie schön war das, als alles anfing mit dem Karneval – diese Geschichten erzählen uns gleichlautend alle Venezianer. So um das Jahr 1980 kam unter den Einheimischen spontan die Laune auf, wieder wie in alten Zeiten die Festlichkeiten zum Fastenbeginn zu feiern: mit Masken auf den Straßen, Kostümfesten in Palazzi, Konzerten in kleinen Bars. Gemütlich muß es gewesen sein und exklusiv venezianisch, als man noch unter sich war. Heute, da der Karneval ein großes Geschäft mit den Touristen bedeutet, macht kaum noch ein Venezianer beim Verkleiden mit. Dafür kommen in den zehn Tagen der offiziellen Festivitäten regelmäßig Hunderttausende von Schaulustigen, um ein Spektakel zu suchen, daß es ohne sie, die Zuschauer, gar nicht gäbe.

Ob das die Leute wissen, die sich sorgsam in aufwendige Casanovakostüme gekleidet haben, stilecht mit Spitzenhemd, Kniebundhosen, Dreispitz und galantem Stöckchen? Wenn ihnen abends in den Gassen, die sie mit einer Kerzenlaterne durchschreiten, nur mißlaunige Einheimische in Alltagskleidung entgegenkommen, ahnen die Karnevalisten wahrscheinlich, daß sie hier mit ihrer Passion eher isoliert sind. Doch gibt es immerhin die Schaulustigen, die Fotos besonders aufgemotzter Masken sammeln: hier eine ranke Dame im Kammerkätzchenkostüm der Colombina, da eine prächtig behütete Phantasiegestalt wie aus einer »Don Giovanni«-Inszenierung, dort eine moderne Clownsfigur in Neonfarben. Es ist ein Jahrmarkt der Eitelkeiten, bei dem jedermann, ob alt oder häßlich, nach Herzenslust mitmachen kann, weil man ja nur die Hülle sieht.

Das historische Venedig wurde aus genau entgegengesetzten Gründen für seine Masken berühmt. Nicht um aufzufallen, sondern um in den Gassen bei allerlei privaten Vergnügungen bloß nicht erkannt zu werden, maskierten sich Patrizier, Geistliche, adlige Gäste, Nonnen, Prostituierte und Domestiken mit uniformen Larven. Meist geschah dies im Karneval, der im achtzehnten Jahrhundert mit der Opernsaison ein halbes Jahr dauerte, aber manchmal auch zu anderen Gelegenheiten. Klassisch wurde das Kostüm mit der Baùtta, einer schwarzen Kapuze, einem langen Paletot namens Zenda, einer weißen Gesichtslarve sowie dem obligatorischen Dreispitz. Damen trugen die Moretta, eine schwarze Maske mit schwarzem Spitzenumhang. Das alles war, solange politisch nichts Mißliebiges vorkam, ein geduldeter Ausweg aus dem Spitzelstaat und der nachbarschaftlichen Kontrolle. Überall in Europa konnten die Menschen ihre erotischen Phantasien auf die Maskenwelt Venedigs projizieren: unerkannte Libertins auf dem Weg zum Stelldichein, promiske Damen, die ihre Lüste verschwiegen unter verlockender Larve auslebten. Ob es damals wirklich so zuging?

Nach dem Ende der Republik überlebten im neunzehnten Jahrhundert von dieser Vision noch einige religiöse Umzüge, doch zu unserer Zeit war vom Carnevale di Venezia schließlich nichts mehr übrig. Die abendlichen Feste zu Barockmusik in den Palästen, die Kostümprämierungen, die wenigen Umzüge in Renaissancegewändern – es ist alles für die Fremden arrangiert. Heute lebt der Karneval von den – auffallend häufig französischen – Gästen in Prunk-Kostümen, die etliche tausend Euro kosten, oder von Einzeldarstellern wie der deutschen Lehrerin aus Kehl, die seit Jahren zum Karneval mit selbstgeschneiderten Phantasiekleidern durch die Stadt streift und ihre ganz persönliche Poesie in den Gassen auslebt. Es sind solche Enthusiasten, die immer weniger Gleichgesinnte und immer mehr Gaffer antreffen, und doch alljährlich ein gutes Werbefoto für den kommenden Karneval abwerfen. Die ganztägige Parade übers Pflaster mit dem schweren Gepäck auf dem Rücken muß freilich arg anstrengend sein.

Die Masse – und die ist in den gewöhnlich naßkalten Februartagen zäher und hartnäckiger als selbst im Hochsommer – trottet vergeblich der phantastischen Wirklichkeit hinterher. Besonders rührend ist der Anblick von Gästen, die zu grauer Regenjacke eine bunte Narrenkappe oder zu Jeans und Blouson eine winzige Stoffmaske tragen. Immerhin gibt es hier und da Aktivitäten, zu denen kostenlose Schminktische der Schüler vom künstlerischen Gymnasium ebenso zählen wie ein Fußballspiel in Masken oder ein Internet-Karneval auf dem Campo San Polo, der sich allerdings – unschwer, es vorherzusagen – bisher als totaler Reinfall erwies. Auf dem Markusplatz, wo viele das Zentrum vermuten, spult das Organisationskomitee meist ein Programm mit bescheidenem Saltimbanco, ein paar Blaskapellen und Maskenparaden herunter.

Jedes Jahr trifft sich zum selben Anlaß in der Kirche Santa Maria degli Angeli die fromme Bruderschaft der Emeronitti, um vierzig Stunden ohne Unterlaß gegen die Sünden und Ausschweifungen des Karnevals anzubeten – eine Tradition, die sich auf das Jahr 1585 zurückverfolgen läßt. Damals mag das Bußgebet bitter nötig gewesen sein, heute jedoch dürfte kein noch so verklemmter Priester gegen die züchtigen Maskenfeste und die kühle Posiererei etwas einzuwenden haben. Außer den venezianischen Kindern, die wie überall in Europa kollektiv verkleidet werden, profitieren von den Festlichkeiten vor allem Hotels und Restaurants: Der genial reanimierte Carnevale lastet in der unangenehmsten Nebensaison fast alle Betten aus und spült viele Millionen Euro in den Fremdenverkehr. Das ist, nach dem kurzen Revival Anfang der achtziger Jahre, sein eigentlicher Daseinsgrund.

Dies wiederum dürfte der einzig original venezianischen Maskenfigur, dem Signor Pantalone, nicht übel gefallen. Denn der mürrische Kaufmannsgreis mit schwarzer Hakennase und festgekralltem Geldsack ist vor allem ums Geschäft besorgt. Doch um ihn darzustellen, müssen sich viele Venezianer gar nicht unbedingt eine Maske aufsetzen.

54

Zwei Mann in einem Boot

»Wir sind die letzten«, sagt Luciano fröhlich und zeigt gleichzeitig auf seinen Bruder. Die beiden alten Herren findet man jeden Tag bei den »Canottieri Querini«, dem Ruderclub, wo sie Unterricht in der Kunst der »voga veneta« erteilen. Auf die traditionelle Weise, im Sitzen und rückwärts, wird überall auf der Welt gerudert. Echte Venezianer hingegen und alle, die es werden wollen, stellen sich an den Rand des Bootes, legen das extrem lange Paddel in die hölzerne Gabel, die Forcola, und schieben sich im weiten Ausfallschritt vorwärts. Das ist die uralte Fortbewegungsweise, die zur Zeit der Römer in den Deltas des Po, der Etsch und den großen Lagunen aufkam. Ohne die »voga veneta« gäbe es Venedig nicht. Seit der frühesten Darstellung auf dem Kuppelfresko des Baptisteriums von Padua, also seit dem vierzehnten Jahrhundert, hat sich die übliche Technik kein bißchen verändert: Vorne rechts steht der

Proviere, der Frontmann, mit dem Ruder nach links; hinten steuert der Poppiere genau spiegelverkehrt. Beide treiben das Boot mit dem Gewicht ihrer weit vornübergebeugten Körper voran.

Dieses traditionelle Rudern wird in ganz Venedig immer noch ungemein ernstgenommen und von großem Publikum begutachtet. Den ganzen Sommer über richten die zahlreichen Clubs Regatten aus, und abends sieht man die jungen Champions auf ihren Renngondeln in abgelegenen Gewässern verbissen dafür trainieren. Und doch hat Luciano recht: Er und Gastone sind auf ihre Art die letzten wirklichen Gondolieri.

Sie haben niemals Touristen durch die Kanäle gerudert und dafür Geld kassiert, und um bei den Regatten mitzumachen, sind sie – beide um die Siebzig – inzwischen ein paar Jahre zu alt. Dafür kommen sie noch aus einer Zeit, da das Rudern kein Sport und kein Freizeitvergnügen, sondern Lebensnotwendigkeit war. Sie sind auf der Barke förmlich großgeworden. Wenn die gebräunten Männer morgens um neun auf den Steg des Bootshauses treten und Gastone sich versonnen eine Zigarette ansteckt, dann gehen sie manchmal gebeugt und schleppend. Doch sobald sie auf dem schmalen, schwankenden Boot stehen, werden ihre Bewegungen leicht, geradezu tänzelnd. Keine Welle und kein anderes Boot kann ihrer traumhaften Sicherheit etwas anhaben. Sie wissen instinktiv, wann sie den Schaft kurz nehmen und wie eine Schiffsschraube wedeln müssen, um seitwärts zu fahren. Oder wann sie mit hartem Schlag das Ruder neben die Forcola zu klemmen und sich entgegenzustemmen haben, um den Rückwärtsgang einzulegen.

Ihr Vater hatte eine Werkstatt für Eisenmöbel, mit der es – wie mit fast allen Handwerksbetrieben in der Enge der Stadt – über die Jahre nicht gut ging. Die beiden Söhne mußten schmieden und schrauben, das verlieh ihnen, wie sie heute noch sagen, die nötige Kraft. Und dann mußten sie das schwere Mobiliar mit der Barke ausliefern, bis in die Hotels und Krankenhäuser am Lido, bis Chioggia weit über die Lagune, sommers wie winters. Die Praxis, die man dabei erwirbt, trägt einen ein Leben lang. Luciano und Gastone sind neben der letzten Molkerei der Altstadt aufgewachsen, deren Kühe sie morgens weckten und deren Milch vor sechs Uhr auf die abgelegenste Laguneninsel geliefert wurde – mit dem Ruderboot.

Es kann noch so heiß sein, die beiden Brüder schieben sich mit hoher Schlagzahl ohne Anzeichen der Ermüdung über die Wasserfläche, stundenlang. Sie haben gelernt, mit der geringsten Kraft die höchste Wirkung zu erzielen. Sie sind ein eingespieltes Team und haben Dutzende von Regatten gewonnen. Als es in den siebziger Jahren ruhiger wurde mit der Arbeit, sind sie mit der Gondel den Po von Turin bis in die Adria gefahren und die Donau über drei Grenzen von Linz bis nach Belgrad. »Die Leute haben ganz schön verdutzt geguckt«, sagt Gastone, der sonst fast gar nichts sagt. Gastone, eigentlich der Schwächere, fuhr meistens vorne, weil er die Gabe hat, das Wasser zu lesen und Untiefen, Strudel und Treibgut sicher zu umfahren.

»Die heutigen Sportruderer«, sagt Luciano fast ein wenig verächtlich, »versuchen zwar mit allen Mitteln ihre Boote zuzuspitzen und die Forcola irregulär immer weiter nach hinten zu versetzen. Damit wird die Gondel zum reinen Rennboot. Aber die Zeiten, die sie fahren, sind auch nicht besser als unsere.« Luciano hat seine erste Forcola von Gigi Strigheta geschenkt bekommen, der schon 1939 italienischer Meister war und die historische Regatta auf dem Canal Grande nach dem Krieg vierzehnmal hintereinander gewann, während er im Hauptberuf als Lieferant per Ruderboot Venedig mit Coca Cola versorgte. Manchmal kommt der alte Herr, für seine zweiundachtzig Jahre beeindruckend muskulös, noch bei den Canottieri Querini vorbei und korrigiert den Stil eines ehrgeizigen Eleven. Strigheta, neben dem Luciano und Gastone immer noch wie ehrfürchtige Schulbuben wirken, kann mit seinen gichtigen Händen leider nicht mehr selber rudern.

Luciano und Gastone mühen sich jeden Morgen in den seichten Gewässern rund um die Friedhofsinsel San Michele geduldig mit ihren Schülern. Es sieht so leicht aus, aber es dauert Stunden, bis die Anfänger wenigstens etwas Gleichgewicht gefunden haben. Denn gerudert wird nicht breitbeinig, sondern im schmalen Ausfallschritt. Der einzige Halt besteht darin, den lockeren Schaft fest in die Forcola zu drücken und stur weiterzumachen. »Das Ruder muß ins Wasser schneiden wie das Messer in die Salami«, so lautet eine von Lucianos goldenen Regeln. Wer schließlich sogar herausgefunden hat, wie das Ruder elegant unter Wasser gedreht wird und welcher Stoßmoment den idealen Schwung verspricht, der kann jedoch noch lange nicht mit der Barke manövrieren. Bis zur Perfektion dauert es Jahre.

»Früher«, sagt Luciano, und Gastone nickt dazu, »war das Rudern schöner.« Denn vor dem Krieg gab es nur ein einziges Linienschiff über die Lagune, heute sind es Hunderte von Motorbooten, die mit ihrem Wellengang das venezianische Rudern ungeheuer beschwerlich machen. Wenn ein besonders rüpelhafter Fahrer Lucianos kleines Boot schneidet und die Bugwelle es fast umwirft, dann gestikuliert er und ruft wilde Flüche hinterher. Aber gewöhnlich merken das die Leute nicht einmal. »Wir machen das hier aus Leidenschaft«, sagen die beiden Ruderhelden. Jeden Morgen lassen sie die Boote vom Steg ins Wasser. Sie sind zwar die letzten, aber sie wollen, daß die »voga veneta« weiterlebt.